www.tredition.de

AF197165

Bernd G. Renner

Was uns antreibt

Gedanken über das Menschsein. Teil I

© 2018 Bernd G. Renner

Verlag und Druck: tredition GmbH, Hamburg

ISBN
Paperback: 978-3-7469-7877-2
Hardcover: 978-3-7469-7878-9
e-Book: 978-3-7469-7879-6

Für Christine

Liebe ist in erster Linie eine Auseinandersetzung mit sich selbst die dazu führen kann, sich zu verlieren. Nicht verloren zu gehen gelingt aus vielen Gründen besser zu zweit, u.a. wegen der Liebe.

Leicht veränderte 2. Auflage von *Gedanken über das Menschsein Teil I Ein Anfang (4)*, im September 2018

Inhalt

Das Buch

Warum schreibt man eigentlich Bücher, von denen man nicht sicher sagen kann, dass sie irgendjemanden interessieren? Vielleicht ist diese Frage von vielen anderen Autoren viele Male bereits beantwortet worden, ich weiß es nicht. Mir stellt sich diese Frage eigentlich nicht, denn ich schreibe nicht um damit ein bestehendes Interesse zu bedienen. Ich stelle kein Produkt her, das eine Kundschaft hat, sucht oder zu finden beabsichtigt. Ich schreibe, um mir über etwas Klarheit zu verschaffen. Was ich geschrieben habe, kann ich archivieren, kann ich wieder hervorholen und nachlesen. Darin besteht der Zweck meines Tuns, mir zu jedem Zeitpunkt in der Zukunft die Vergangenheit meiner Gedanken zurückzuholen, die sonst wahrscheinlich in dem, was die Neurologen Unterbewusstsein nennen, untergegangen, ggf. aus Gründen biologischer Zweckmäßigkeit sogar entsorgt worden wären. Ein anderer Zweck meines Schreibens ist es, bestimmte Gedanken, die durch das Beobachten meines und anderer Menschen Leben ausgelöst wurden, „ordentlich" zu Ende zu führen. Auf diese Weise finde ich besser zu einem Neuanfang für das Aufschreiben von Gedanken über weitere Erscheinungen des Menschseins. Irgendwie imitiere ich – ungewollt, glaube ich – damit den Ablauf unseres Daseins, das ganz und gar diskontinuierlich stattfindet, weil im „realen" Leben nicht eine Erkenntnis auf einer anderen aufbaut.

Obwohl dieses Buch also ursprünglich nicht geschrieben wurde, um von anderen gelesen zu werden, habe ich entschieden, meine Gedanken öffentlich zu machen. Andernfalls wären sie mein Beitrag zum großen Schweigen auf dieser Welt geblieben, in der von den falschen schon zu viel geschwiegen wird.

In diesem Buch stelle ich im Wesentlichen Gedanken über vier, wie ich meine, wichtige Antriebskräfte vor, die unserem Erleben zugrunde liegen und bewerte ihre Bedeutung aus meiner Sicht. Warnend möchte ich klarstellen, dass ich keine neue Gewissheit über diese Welt anzubieten habe, dass sich dieses Buch nicht als x-te Kulturkritik versteht. Es soll nicht mehr als ein Zwischenruf, jedoch ein lauter, sein. Außerdem wird dieses Buch der Versuch sein, einen Anfang zu finden für weitere heftige Einmischungen. Ich kann daher schon jetzt versprechen, dass weitere Bücher folgen werden, um die von meinen Gedanken ausgelösten neuen Gedanken „ordentlich" zu Ende zu führen.

Einleitung

Tausend und ein Ding bewegen unser Leben, scheinen uns wichtig und wert, gesagt zu werden, und sind doch so schwer zu sagen, weil die Ordnung fehlt, mit der das Sagenswerte in Sätze gefasst werden kann. Wir quälen uns mit Formulierungen, aus ganz verschiedenen Gründen, und am Ende ist dann doch nur Schweigen. Das Ungesagte dominiert die Welt, die Lüge, die Resignation, die Eitelkeit und die Faulheit, Gedanken im Zusammenhang mit ihren Auslösern zu erinnern. Das viele, das gesagt (geschrieben) wird ist oft so oberflächlich, so untief, dass es Schmerzen verursacht. Aber weil es so enorme Dimensionen angenommen hat, fragt sich der Denker, ob es der Mühe wert ist, sich Gehör zu verschaffen. Deshalb - glaube ich - ist so viel Schweigen, gehen wichtige Gedanken verloren, verlieren wir etwas, was unsere Kultur ausmacht: Neugierig sein, Fragen stellen, Fakten sammeln und prüfen, antworten und handeln, in meinen Augen die Grundprinzipien kognitiver Prozesse.

Es scheint doch so einfach, so klar. Dass das auch stimmt, möchte ich mit Ihnen gemeinsam „verfolgen". Sie werden noch merken, dass ich hier und da ungewöhnliche Wortschöpfungen benutze, um verständlich zu machen, was man vielleicht auch anders, vielleicht gebildeter, vielleicht umständlicher sagen kann. Ursprünglich wollte ich, nachdem die Entscheidung zur Veröffentlichung gefallen war, dieses Buch als Mitarbeitsbuch gestalten. Ich hatte die Idee, dass die Leser dieses Buch mitschreiben. Diesen Ansatz habe ich jedoch verworfen, weil ich finde, dass man für das Ergebnis von Nachdenken, also seine eigenen Gedanken die Verantwortung übernehmen muss. Diese Verantwortung lässt sich nicht delegieren. Einsichten als Resultat kritischen Nachdenkens sind immer abhängig von persönlichen Eindrücken und Erfahrungen. Das erlebte Leben ist sozusagen der „Bewusstseinsfilter", der die Einmaligkeit unseres Urteils bewirkt. Ich kann es daher nicht zulassen, meine Gedanken quasi als Blaupause zur Orientierungsgrundlage für das sich-Gedanken-machen meiner Leser anzubieten. Weder neige ich zur Selbstüberschätzung noch verstecke ich mich hinter anderen Meinungen und Sichtweisen. So gesehen ist dieses Buch der Versuch einer Positionsbestimmung zwischen Resignation und Eitelkeit, ein mühevoller jedoch lohnender und zeitweise auch Freude erzeugender Prozess.

Die kapitelweise behandelten Themengebiete sind so gestaltet, dass sie mit einer These beginnen, die falsch sein kann, Kommentare beinhalten, die unangemessen oder unvollständig sein können, und Konklusionen vorschlagen, die ich für wichtig halte. Meine Konzeption lässt die Bezugnahme auf bereits publiziertes (abgesehen von ganz wenigen Ausnahmen) nicht zu. Es ist also keine „wissenschaftliche" Auseinandersetzung mit dem Ziel, das schon einmal Veröffentlichte zu bewerten um es danach noch einmal anders zu sagen. Es geht also ausschließlich um die Überwindung der Faulheit, eigene Gedanken niederzuschreiben und dafür die „richtigen Worte" zu finden.

Bernd Renner

Gevelsberg im März 2018

Anmerkung zur zweiten Auflage

Es ist Zeit vergangen, seitdem dieses Buch zum ersten Mal gelesen wurde. Die meisten Leser waren Freunde und Bekannte, die mich vermutlich mit ihrer Kritik geschont haben. Außer Verbesserungsvorschlägen für den Titel (jetzt verändert) sowie den Buchumschlag und Hinweisen auf eine ganze Reihe von Tippfehlern erreichte mich vornehmlich Lob. Damit dieses Lob mich bei der Erstellung meines zweiten Buches beflügelnd unterstützt, muss ich dieses erste mit dieser zweiten Auflage ordentlich abschließen. Am Text der Erstausgabe wurde mit ganz wenigen Ausnahmen nichts verändert. Die wenigen Ausnahmen repräsentieren hinzugefügte oder weggelassene Worte, eventuell leicht umgestellte Formulierungen, die allesamt dem Zweck dienen, die Verständlichkeit zu optimieren. Die Aussage jedenfalls ist gleichgeblieben.

Bernd Renner

Gevelsberg im September 2018

Einordnung

Die wichtigen Antriebskräfte, die unser (Er)Leben entstehen lässt und gleichzeitig eingrenzt, haben alle „Erinnerungscharakter" an unsere evolutionäre Herkunft. Darauf müssen wir kapitelweise zurückkommen, um uns von der Illusion zu trennen, wir seien – jeder für sich und als Art auf dieser Welt – einmalig. Wenn dieser Versuch, den ich hier unternehme, etwas bewirken soll, dann vor allem zu der Bescheidenheit zurückzufinden, die so sträflich, arrogant und selbstvergessen als Relikt vergangener Zeiten abgetan wird. Ja, **wir** müssen alle viel bescheidener werden, der erreichte Evolutionsstand unserer Art taugt nicht für große Entwürfe einer endlichen Glückseligkeit, geschweige denn zu einer Daseinsberechtigung mit Garantie auf „Unendlichkeit" (falls dies die Kirchen mit „ewigem Leben" meinen).

Der Reisefahrplan für die Gedanken, die in diesem Buch vorgestellt werden, soll durch eben diese Antriebskräfte bestimmt sein.

In vier Kapiteln werde ich meine Gedanken über **Angst, Lust, Essen & Trinken** und **Geselligkeit** zusammentragen. Die innerhalb der Kapitel vorgenommene Aufteilung ist willkürlich, jedoch gewollt. Eine abschließende Gewichtung der Gedanken (**Schlusskapitel**) erfolgt mit der Absicht, mögliche Überlappungsbereiche zwischen den Antriebkräften sichtbar werden zu lassen. Diese Erklärung zur Struktur des Buches soll ausreichen, um meine Reise zu beginnen.

Kapitel 1   ANGST

These

Die Dimension von Angst reicht von „Urangst" bis „ängstliche Verfasstheit" oder Furchtsamkeit. Egal in welcher Ausprägung ist Angst immer das Gegenteil von Freude und beherrscht unsere Gedanken tiefer und nachhaltiger als Freude. Menschen sind „Angstwesen". Freude wird immer nur kurz erlebt und kann sogar Auslöser für neue Angst sein – die Angst, keine Freude mehr zu haben. Intensität und Häufigkeit erlebter Freude unterscheidet Sanguiniker von Melancholikern. In Abhängigkeit vom Lebensalter und von Lebensumständen können beide Charaktere innerhalb ein und desselben Individuums ineinander übergehen.

Angst kann nützlich sein, uns vor folgenschweren Fehlentscheidungen bewahren. Im Großen und Ganzen jedoch beherrscht Angst unsere Gedanken, ohne nützlich zu sein und ist die vermutlich wichtigste Antriebskraft, die unser Leben bestimmt. Ob das gut oder schlecht ist, werden wir noch sehen. Auf jeden Fall ist es menschlich.

Die Todesangst

Wenn der Tod kommt

Wie er kommt und wann er kommt, weiß man nicht. Gut so! Dass er kommt jedoch, ist klar. Kann man sich darauf vorbereiten, kann man das, was kommen wird „unängstlich" akzeptieren?

Diese Frage bewegt mich, manchmal mehr, manchmal weniger. Schließlich gehört der Tod zum Gepäck unseres Lebens ab dem Moment unserer Geburt. Seine Nähe ist für mich nicht mehr fern, jetzt mit 68 Jahren, und seine Bedrohlichkeit hat an Substanz verloren. Die „klassische Todesangst", also die Angst, ermordet oder Opfer eines Raubtieres zu werden, bleibt Alpträumen vorbehalten, ist als Atavismus Relikt evolutionärer Prägungen, die irgendwo in unserem Nervensystem gespeichert sind. Diese Angst halte ich nicht für lebensbeherrschend.

Jeder hat den Tod in seinem Leben kennengelernt. Verwandte, Freunde, Bekannte wurden einem von ihm „fortgenommen". Manche Tote waren jung, manche in der sogenannten Lebensmitte, manche alt. Was durch das plötzliche „Fortnehmen" von Leben durch den Tod ausgelöst wird bei den „Überlebenden, Zurückbleibenden", ist nie vorhersehbar.

Der Tod kann erlösendes Ende langer, krankheitsbedingter Leiden und Qualen sein. Wenn dieses Schicksal einen älter gewordenen Menschen ereilt, werden die „Hinterbliebenen" mit Trauer von einem Menschen Abschied nehmen über dessen Erlösung von den Schmerzen sie gleichwohl Frieden finden können. Bei jungen Menschen mit vergleichbarem Schicksal werden die Länge und der Verlauf der zum Tode führenden Krankheit das Ausmaß des Schmerzes der Zurückbleibenden bestimmen. Je länger und zerstörerischer die todbringende Krankheit, desto bedeutender wird für die Angehörigen/Freunde die „Erlösungsqualität" des Todes, bei aller tiefen Trauer. Die wohl schmerzhafteste Form, den Tod zu verarbeiten, ist immer dann gegeben, wenn der Tod plötzlich und völlig unerwartet Leben beendet. Am häufigsten sind Unfälle, also tragisches Fehlverhalten von Menschen, die Ursachen für solche Tode, immer häufiger gefolgt – wenn nicht noch häufiger heutzutage – vom plötzlichen Versagen lebenswichtiger Organe (ganz vorne an steht hier das Herz) infolge zugrunderichtender Lebensweisen.

Schmerz über den Tod anderer hat viele Gesichter, viele Qualitäten und kann für sich genommen wiederum lebensbedrohlich sein. Die Schmerzen über den Tod zu bearbeiten, mit dem Ziel, sie zu überwinden, d.h. schmerzfrei zu werden, nennt man „Trauerarbeit". Trauern ist die Zauberformel, mit der es gelingen soll, den Tod des Geliebten, des eigenen Kindes, des besten Freundes und so weiter zu überwinden. Was man überwindet? Den Verlust und den ggf. brutalen Einschnitt ins Leben. Wer weiterleben will ohne dauernd über das verlorene weinen oder klagen zu müssen, braucht eine Strategie für das protrahierte Abschiednehmen, oder die Option, durch virtuelle Zwiesprache Verbindung zu erhalten. Persönlich bin ich der Meinung, dass es etwas von beidem ist, mit unterschiedlicher Gewichtung je nach Persönlichkeit oder Tiefe der Beziehung, die zum Toten bestand.

Nun habe ich ein Alter erreicht, das nahelegt, sich des nicht mehr fernen Todes gewiss zu sein. Auch habe ich Todesfälle miterlebt in jungen Jahren wie im fortgeschrittenen Alter, die Ähnlichkeit mit dem haben, was ich vorher darstellte. Manche trafen mich tief und eigentlich unvorbereitet, manche waren vorsehbar. Trauerarbeit ist mir daher nicht fremd. Was habe ich daraus gelernt und was ist die Botschaft des „Beinahe Todes", den ich selbst als Opfer eines Verkehrsunfalls im Alter von 18 Jahren erlebte und verarbeiten musste? Nichts, außer, dass der Tod unumgänglich ist!

Zunächst: der Tod ist das endgültige Ende von Leben. Alles, was das Leben auszeichnete, was es „lebenswert" machte, alles Erreichte und misslungene, ist unabänderlich beendet. Es kann nicht fortgesetzt, nicht korrigiert werden, und das Leid, das man zugefügt hat nicht mehr rückgängig gemacht werden. Die Aufgaben, an deren Verwirklichung man gearbeitet hat, bleiben für immer liegen, das Gedachte und die Gedanken, welche(s) man im Kopf gelassen hat bzw. die man nicht niedergelegt hat, sind für immer verloren. Mit dem Tod verschwindet alles von der Welt, was die Persönlichkeit des Verstorbenen zu Lebzeiten ausgemacht hat. Da ich nicht an ein „Leben" nach dem Tod glaube und auch sonst keiner Religion angehöre oder deren Heilsversprechen nachhänge, sehe ich den Tod als endgültige Auslöschung der individuellen Existenz. Im Gegensatz zur Existenzangst (siehe später) soll hier unter Existenz die zeitlich begrenzte physisch/geistige Präsenz als „lebendes Ding" auf diesem Planeten gemeint sein.

Ferner: wie der Tod mein Leben beendet, kann und werde ich nicht wissen. Das heißt jedoch nicht, dass ich ohne Chance bin, die Todesart zu beeinflussen. Die vorher schon erwähnte zugrunderichtende Lebensweise (also jede Menge Stress, die Gesundheit beschädigender Konsum von Drogen aller Art, generell sehr ungesunde Ernährungsweise und physische Aktivitäten mit gefahrgeneigter Qualität [und evtl. zum falschen Zeitpunkt]) kann in eine „ordentliche" Lebensweise geändert werden. Dadurch kann ich dazu beitragen, die Wahrscheinlichkeit zu reduzieren, an dieser Todesart zu sterben. Leben kann ich dadurch jedoch nicht verlängern, denn ich weiß ja nicht, wie mein Leben zu Ende geht bzw. welchen Tod ich erleiden werde.

Schließlich: machen wir uns nichts vor. Ich und Milliarden andere Menschen werden keine Einträge in den „Brockhaus" bekommen, weil unser Lebenswerk dazu keine Veranlassung gab. Nicht einmal öffentlich gemachte Gedanken, Geschriebenes und artikuliertes Empfundenes wird über längere Zeit von uns zurückbleiben nach dem Tod. Die existentielle Substanz der einzigartigen Persönlichkeit, die jeder hat und ist, verschwindet mit dem Tod. Es hat daher gar keinen Sinn, sich - durch welche Aktivität auch immer im Leben - für die Hinterbliebenen „erinnerbarer" zu machen. Von den Kämpfen, die meine Seele gefochten hat, von dem Glück, das mich sekunden- oder minutenlang in ganz bestimmten Situationen ausgefüllt hat, von den bösen, schwarzen

Gedanken in tiefster Verzweiflung wird sowieso keiner – nicht ein einziger - irgendetwas erfahren geschweige denn wissen wollen oder können. Hierin sehe ich den „rationalen Versuch", Todesangst zu bagatellisieren.

Zwischenergebnis: Todesangst ist „Vernichtungsangst", also eine Form von Urangst vor der endgültigen Auslöschung der eigenen Existenz. Sie ist bezogen auf den Tod von Freunden, Partnern oder anderen Angehörigen auch Angst vor der Sinnentleerung des Lebens, Angst vor dem Versagen bei der Trauerarbeit, vor dem Abgleiten in die Antriebslosigkeit, kurz: Angst vor dem „Weiterleben". Ist das Leben deshalb hoffnungslos oder bedeutungslos? Nein, natürlich nicht, flüstert der Verstand, erkennt jedoch sogleich, dass er dabei kein wirkliches Mitspracherecht hat! Diese Urangst lässt sich auch mit noch so ausgeklügelten Strategien des Verstandes nicht umgehen, nicht „austreiben". Sie ist Bestandteil unseres Lebens, immer.

Die Versagensangst

Unsere „digitale" Entmündigung

Was ist wirklich anders geworden in der zweiten Dekade des 21. Jahrhunderts im Vergleich zu meiner Schulzeit, die 1968 endete? Kurzgefasst und ohne lange zu überlegen komme ich zu dem Schluss, dass es die Allmacht der digitalen Medien ist, die alles verändert hat. Haben wir noch vor 50 bis 60 Jahren quasi leichtes Spiel gehabt, uns einen „neuen" Gegenstand auszuwählen, über den nachzudenken und zu schreiben sich lohnte, ist dies heute schier unmöglich. „Google" hat auf alles eine Antwort, vermittelt uns den Eindruck, alles sei bereits behandelt, so umfänglich, dass es nicht mehr lohnt, sich eigene Gedanken zu machen, sich anzustrengen. Mit dieser sedierenden Gewissheit schlagen wir die Zeit mit „Oberflächlichkeiten" tot, für die uns die Medien ein an Vielfältigkeit nicht zu überbietendes Angebot machen, mit dem (hinter-)listigen Ziel, uns das Geld aus der Tasche zu ziehen.

Unser Leben stellt uns vor tausende Aufgaben, will man uns weismachen, die zu meistern unser Lebenszweck sein soll! Wer versagt, ist schlimmstenfalls Verlierer, bestenfalls zweite Wahl. Nur diejenigen, die alle Herausforderungen bravourös meistern, werden zu den Erfolgreichen, den „Winnern" gehören. Demzufolge – wird uns eingeflüstert – muss eine subtile Erfolgsplanung für das erfolgreiche Leben früh beginnen, idealerweise noch während der Embryogenese. Eine derartige Planung treibt werdende Mütter bzw. zukünftige Eltern in eine Versagensangst, noch bevor das neue Leben den ersten Atemzug **absolviert** hat. Das „Absolvieren" wird dann nach erfolgreicher Geburt zur ständig sich wiederholenden Herausforderung bei jedem nächsten Entwicklungsschritt. Entwicklung hat in dieser Logik nur ein Ziel: Superstar zu werden! Alles andere wäre „Versagen". Dass diese Sichtweise richtig sein muss, suggerieren die Angebote der digitalen Medien, Angebote, die das erfolgreiche Absolvieren jeder noch so banalen Herausforderung versprechen, vorausgesetzt man zahlt! Getrieben von diesem Leistungsoptimierungs-Angebot, das nichts als Geschäftemacherei ist und deren Anbieter auch noch die „lebenswerten Leistungsziele" mitliefern, scheitern Menschen millionenfach.

Die Versagensangst ist allgegenwärtig und umspannt alle Lebensbereiche. Wer nicht leisten will, hat die Berechtigung verloren, glücklich oder zufrieden zu sein. Den Versagern bleibt nur noch der Besuch beim „Netdoktor". Der wird dann schon die richtige Diagnose stellen: Depression, Erektions- oder andere sexuelle Störungen, „Burnouts", Hörsturz, usw. Schließlich lässt sich danach noch die geeignete Pille in der online-Apotheke bestellen!

In der Arbeitswelt müssen Gruppentrainings oder sogenannte „Team-bildende" Maßnahmen als „hochinnovative" Instrumente herhalten, um die unterentwickelten „sozialen Kompetenzen" zu kompensieren. Lebenspartnerschaften zerbrechen regelmäßig an nicht erfüllbaren Ansprüchen, in allen Altersgruppen. Der Mensch als „soziales Tier" stirbt aus oder ist zumindest dabei, diese Eigenschaft als gewollte Norm infrage zu stellen. Auf die ineinandergreifenden oder aufeinander abgestimmten Fähigkeiten einzelner, die zusammen als Gruppe handeln und Versagen als Möglichkeit nicht ausschließen, kommt es nicht an. Diese Form der Leistungserbringung ist out! „In" sind dagegen die Superstars, die „Alpha-Tiere", die die Geschicke der Welt bestimmen. Kann es sein, dass das Macht-ausüben-können dieser Egomanen im Umkehrschluss Ausdruck/Eingeständnis unseres Versagens ist? Haben wir quasi unsere Versagensangst „nach oben" delegiert, weil wir uns nicht mehr für verantwortbar halten?

Wie auch immer, wer sein Selbstbewusstsein am Garderobenständer im Eingangsflur zu den digitalen Medien abgelegt hat, wer kritische Auseinandersetzung mit Furcht vor Komplexität getauscht hat, dem wird der Verstand abhandenkommen. Es reicht ein schauendes Beobachten, Zuhören und Vergleichen, um zu ver-(be-)stehen. Welche Werte das menschliche Leben ausmachen, muss man sich nicht durch „Wikipedia" erklären lassen. Erleben heißt das Zauberwort, sich furchtlos auf das Leben einlassen mit der ausdrücklichen Option, zu scheitern bzw. zu versagen. Scheitern – lehrt unsere ureigene Geschichte – macht stark!

Zwischenergebnis: Die Angst zu versagen bestimmt in unserer Leistungsgesellschaft nahezu alle Lebensbereiche. Sie wird verstärkt und fortgesetzt befeuert durch die digitalen Medien, denen es zu gelingen scheint, mittels eines als Optionsvielfalt getarnten

Medienangebots mit unseren Ängsten gute Geschäfte zu machen. Was als Beifang bei der täglichen „Googlei" noch Information oder schon „Brainwash" ist, erkennen wir meist nicht. Das bloße Assimilieren des „Überangebots" ist anstrengend genug. Für die Bewertungsarbeit, die ein kritisches Nachdenken erfordert, nehmen wir uns keine Zeit, ja wir erwarten geradezu, dass uns diese Anstrengung von den Medien abgenommen wird. Die eindimensionale und v.a. nonverbale Kommunikation mit unserem Monitor führt zur Verkümmerung unserer Einzigartigkeit, nämlich:

- aus dem Gespräch mit anderen zu sich selbst zu finden

- im geselligen Spiel die eigenen Grenzen kennenzulernen

- durch mutiges Ausprobieren neue Erkenntnisse zu gewinnen

Stattdessen opfern wir unsere Kreativität und Gelassenheit dem Leistungsprinzip um den Preis, ein Leben als bestaunter Affe im Einzelkäfig zu verbringen! Das Ende der Evolution des Menschen hat begonnen. Und da machen wir natürlich mit, denn man möchte ja schließlich dazugehören!

Die Existenzangst (besser: Besitzstandsangst)

Geld regiert die Welt

Wenn man schon sterben muss, dann doch bitte möglichst wohlhabend. Diese Einstellung, so scheint es, drückt eine der kräftigsten und historisch beständigsten Motivationen menschlichen Handelns aus. Die „Lebenszielausrichtung" nach dem „Jeder-ist-sich-selbst-der-Nächste-Motto" ist das Getriebeöl, mit dem wir unsere „Lebensleistungsburgen" bauen, die ängstlich-argwöhnisch gegen alle Bedrohungen zu verteidigen sind.

Ja, es mag stimmen, dass Bedrohungen mit existenzgefährdendem Charakter zugenommen haben. Als Beispiele ließen sich der internationale Terrorismus nennen, die durch Krieg oder andere lebensfeindliche Bedingungen ausgelöste Migration großer Menschenmengen, die Veränderungen des globalen Klimas, das Risiko der „Wegrationalisierung" meines Arbeitsplatzes in einem international agierenden Unternehmen, das Versiegen fossiler Energieträger oder die durch skrupellose Geschäftspraktiken von Bankern herbeigeführten Finanzkrisen. Ursachen und Auswirkungen solcher Bedrohungen sind vielfältig und haben doch alle eins gemeinsam: sie erhöhen insgesamt die „Unbestimmtheit" der Welt, gestalten meine ganz individuelle Lebensplanung wegen nicht vorhersehbarer Einflüsse schwierig.

Während eine Anzahl oben erwähnter „Bedrohungsbeispiele" eher diffus wahrgenommen werden – nach dem Motto: davon habe ich schon gehört, jedoch werden sie mich wohl eher nicht oder jetzt noch nicht betreffen – greifen andere Bedrohungsängste ganz konkret in unsere Lebensplanung ein. Damit keine Verwirrung entsteht, muss die hier gemeinte Bedeutung von Existenzangst ein wenig klarer gefasst werden. Am einfachsten gelingt das durch Beschreibung der Aufgabenstellung, „sich eine Existenz aufzubauen".

Wir sind uns vermutlich einig, dieser Beschreibung folgenden Inhalt zu geben: im Rahmen unserer Möglichkeiten dafür zu sorgen, dass wir aus eigener Kraft und den damit erzielten Mitteln ein selbständiger Teil der Gesellschaft werden und bleiben, bis unser Leben zu Ende ist. Es ist ferner nachvollziehbar, dass diese Beschreibung einen Prozess mit verschiedenen Phasen meint, die jeweils von ganz unterschiedlichen „Phasenängsten" geprägt sein können. Und: Existenz bezieht sich nicht nur auf meinen materiellen Besitz, mein Vermögen (auch als erworbenes Können mit zu verstehen), sondern auch auf meine „gesellschaftliche Verant-wortung" mit Rechten (Status) und Pflichten (Solidarität). So viel zur Klarstellung.

Jeder Bedrohung also, die ich für geeignet halte, die Grundlage meiner Existenz in jeder Phase ihres Entstehens zu erschüttern, begegne ich mit Angst. Es ist die Angst, etwas, von dem ich glaube, dass es mir zusteht, zu verlieren bzw. ggf. nicht zu errei-chen oder zu bekommen. Nicht erst heute im 21ten Jahrhundert wird dieses Verständnis von existentieller Grundlage ganz maß-geblich reduziert auf materielle Werte (also Geld, Immobilien, Territorien, sonstiges „Sachgut" von pekuniärem Wert) und Macht. Deshalb ist Existenzangst immer zunächst einmal „Besitz-standsangst", also Angst um meinen Besitz und um die in „meiner Macht stehenden" Möglichkeiten der Besitzstandswahrung. Diese Existenzangst führt bei immer mehr, auf jeden Fall vielen Menschen zu einer einzigartigen Verschwendung von Lebenszeit mit dem Suchen nach, Herzeigen, Vergrößern und Verteidigen von immer mehr Besitz. Gesellschaftlicher Status wird umdefi-niert in Macht, die Machtposition schafft neues Recht und ist gleichzeitig unabdingbar in ihrer Funktion als Burgwächter. So ge-sehen ist Existenzangst Mitverursacher von Mehrklassengesell-schaften, hat Korruption ebenso zur Konsequenz wie internatio-nal agierende Verbrechersyndikate.

Existenzangst ganz anderer Art dagegen besteht in der Angst vor dem Verlust von Ansehen – allgemeiner: Bedeutung. Was ich für andere bedeute, wie ich angesehen bin, gehört zur sozialen Dimension meiner Existenz. Ansehen im beruflichen Umfeld kann durch besondere Fähigkeiten oder Kenntnisse entstehen, durch soziale Kompetenzen – also Kommunikation, Empathie, respekt-vollen Umgang mit Kollegen und vieles mehr.

Im familiären Umfeld wird Ansehen besonders aus der Rolle und der Verantwortung (z.B. Vater, Mutter, Eheleute bzw. Partner) und dem daraus entwickelten Engagement für eine kleine, überschaubare Gruppe von Menschen entstehen. Im Gegensatz zur eher informellen, befristeten „Aufgaben-Erledigung-Gemeinschaft" im beruflichen Umfeld ist die Familie von ihrer Entstehung bis zu ihrem Zerfall als „Werteentwicklungsgemeinschaft" strukturiert und gewöhnlich auf Dauer angelegt. Existenzangst bedeutet in beiden Fällen, dass einem Freiheiten und Bedingungen genommen oder entzogen werden, Ansehen zu entwickeln und danach zu genießen, nicht dagegen, dass man bei der Entwicklung seines Bedeutungs- oder Rollenprofils, also bei der Übernahme von Verantwortung versagt (das wäre, wie vorher beschrieben, Versagensangst!). Mobilität („Wanderungsbereitschaft"), Flexibilität (Änderungsbereitschaft"), Kompromiss- und Anpassungsfähigkeit entziehen dieser Form der Existenzangst die Nahrung. Unsicherheit, Unentschiedenheit und ein Mangel an selbstkritischem Bewusstsein unterhalten sie. Was schwerwiegender ist für das selbstbestimmte, eigenverantwortliche Dasein, die individuelle Existenz, materiellen Besitz oder Ansehen zu verlieren, mag jeder für sich selbst beantworten. Dass das eine die Folge des anderen sein kann erklärt, warum die Existenzangst unser Leben so nachhaltig bestimmt.

Zwischenergebnis: Existenzangst ist die Angst davor, materiellen und seelischen Schaden zu erleiden. Da im Verständnis unserer Zeit materieller Besitz und Status (= Ansehen) auf das engste miteinander verbunden werden (nicht per se sind!), besitzt Existenzangst Zerstörungspotenzial sowohl für jeden einzelnen unter uns als auch für die Verfassung unserer Gesellschaft im Großen. Solange Existenzangst in dieser Verflechtung lebensbeherrschend bleibt, werden nämlich Solidarität und Altruismus weiter rückläufig sein, wird die Spaltung unserer Gesellschaft in „habend" und

„darbend" weiter voranschreiten. Wir neigen dazu, diese Spaltung unserer Gesellschaft als schicksalhaft zu akzeptieren. Denn schnell vergisst der Erfolgreiche, welche vom Glück (Zufall) abhängigen Umstände seinen Erfolg, also Besitz und Ansehen zu erwerben, mitverursacht haben. Die „Leistungslüge", also die arrogante Zurschaustellung von Besitz und Ansehen als „logisches" Ergebnis vermeintlich eigener Leistungen entwickelt sich zur neuen „Lebens(un)kultur". Diese (Un)kultur des Ausblendens von Respekt und Demut vor den geschenkten Bedingungen für den Erfolg erklärt die Gewissenlosigkeit des Erfolgreichen und zerstört das „soziale Wohlbefinden" jener, die bei gleicher Leistung weniger Glück (schlechtere Ausgangsbedingungen) hatten.

Gibt es auch „gute" oder „hilfreiche" Existenzangst? Ja, denn bei aller Kritik an den negativen Konsequenzen von „Besitzstandsangst" (s. oben) sind Werte vorhanden, die wir gelegentlich etwas nebulös mit „kulturelle Errungenschaften" umschreiben. Hierzu zähle ich z.B. den Pluralismus, der in unserer Gesellschaft Fuß gefasst hat und die Freiheit der Entfaltung, die wir alle bereit sind zuzulassen. Die Angst um die Bedrohung dieser Werte hat das Potenzial, die Zerrissenheit unserer Gesellschaft zumindest etwas auszugleichen. Die damit in Verbindung stehende Aufgabe, die wir nur gemeinsam lösen können, ist eine Riesenherausforderung. Ich befürchte, dass die Existenz der Menschheit als solche gefährdet ist, wenn wir es nicht schaffen, diese Herausforderung zu meistern. Auf diesen Aspekt komme ich noch zurück.

1   Schlussfolgerung ANGST

Aus der zusammenfassenden Bewertung meiner Gedanken über Angst gelange ich zu folgenden Erkenntnissen:

Erstens:

Die Wahrscheinlichkeit, dass ich mit der Auswahl von gerade einmal 3 Dimensionen der Angst jene Angst, die Sie bewegt nicht erfasst habe, ist groß. Nachdem ich das Konzept dieses Kapitels festgelegt habe, bin ich in vielen Gesprächen mit Freunden auf eine weitere Form der Angst aufmerksam geworden, die sich am besten als Zukunftsangst beschreiben lässt. Die Auslöser für diese Form der Angst sind Bedrohungen, die sich aus dem Fortschritt von Wissenschaft und Technologie ableiten lassen, die – wie ich es vorher formulierte – die „Unbestimmtheit" der Welt vergrößern. Aktuelle Beispiele aus der Wissenschaft sind die Ergebnisse der Gentechnologie, die das Potenzial von Manipulationen aller möglichen Eigenschaften von Lebewesen in sich tragen. Aus dem Bereich der Informationstechnologie sind die Entwicklungen zu erwähnen, die uns zu gläsernen Menschen machen. Die Datenspeicherung – die unbemerkt über alle möglichen Aktivitäten unseres täglichen Lebens, unserer Vorlieben und Abneigungen erfolgt – macht uns Angst, weil die unerlaubte Nutzung dieser Daten wiederum einer Manipulation unseres Verhaltens Tür und Tor öffnet. Genau genommen entstehen solche Ängste aus unserem Unwissen über die wirklichen Nutzungsmöglichkeiten solcher Technologien und unserer Erfahrung (z. B. mit der Nuklearenergie, die auch zum Bau von Waffen genutzt wurde und Abfälle hat entstehen lassen, deren sichere Verwahrung komplett ungelöst ist), dass sich Fortschritt auch gegen uns wenden kann, auch weil die Kreativität der Menschen unberechenbar ist. Vielleicht verbirgt sich hinter dieser Angst auch eine ‚Urangst', die Angst vor dem Bösen im Menschen. Dies weiter zu vertiefen, verbietet sich für mich, da die Thematik meine Kompetenzen überschreitet.

Zweitens:

An meiner These anfangs dieses Kapitels, wonach Menschen Angstwesen sind, halte ich fest. Gleichwohl erkenne ich, dass wir abgesehen von den Urängsten vielen anderen Angstzuständen nach konzentrierter Analyse der Ursachen durch geeignete Strategien begegnen können. Versagensangst und Existenzangst sind beherrschbar, wenn wir uns entscheiden, uns nicht von ihnen unterjochen zu lassen. Dazu gehört ein selbstkritischer Umgang mit den vermeintlichen und tatsächlichen Bedrohungen, die uns Angst machen. Wir können nicht versagen, wenn wir uns zu unseren tatsächlichen Fähigkeiten bekennen und damit zufrieden leben. Die Ausschöpfung unseres Potenzials heißt zunächst, unsere Grenzen anzuerkennen, die wir durch Ausprobieren entdeckt haben. Erst wenn uns dies gelungen ist, können wir unsere Fähigkeiten sinnstiftend einsetzen, so dass auch andere davon profitieren. Genauso wenig Furcht müssen wir vor den Bedrohungen haben, die unseren materiellen Besitz oder unser Ansehen vermeintlich gefährden. Was uns im eigentlichen Sinne des Wortes gehört, ist unsere Persönlichkeit, das in „Identität" transformierte erlebte Leben mit all seinen einzigartigen Facetten. Materieller Besitz kann aus hunderten von Gründen verloren gehen ohne dadurch unsere Identität zu gefährden. Diese Einsicht in die Beherrschbarkeit von Angst stellt jedoch vermutlich – so viel ist mir bewusst – immer nur einen Zwischenzustand im Auf und Ab der Furchtsamkeit dar.

Drittens:

Was mich nach allem Nachdenken über Angst wirklich besorgt, sind die Bedrohungen, die die Existenz der Menschheit als solche gefährden. Die im letzten Absatz über „Existenzangst" angesprochenen „kulturellen Errungenschaften" (Pluralismus und Freiheit der Persönlichkeitsentfaltung) sind in meinen Augen erhebliche zivilisatorische Fortschritte in der gesellschaftlichen Entwicklung, sind aus Trümmern leidvollster und zutiefst inhumaner Geschichte der Menschen gewachsene Werte, derer sich viele (m.E. zu viele) nicht ausreichend bewusst sind. Schwaches oder gar mangelndes Wertebewusstsein lässt Aufmerksamkeit für die Bewahrung der Werte schwinden, macht den Bedrohungen gegenüber gleichgültig. Und die sind da! Rund um den Globus verteilt haben sich hegemoniale Staaten etabliert oder sind gerade dabei, sich zu formieren (Türkei). Nordkorea und Russland einmal beiseitegelassen und ganz zu schweigen von der Tragödie Syriens, des Iraks und nicht weniger Länder Afrikas, hier bei uns in Europa, sozusagen nebenan und im eigenen Haus „Deutschland" formieren sich die politischen Kräfte, die uns glauben machen wollen, dass das Nebeneinander der Vielfalt gesellschaftlicher Kräfte schädlich sei, uns unserer sogenannten „nationalen" Identität beraube. Noch ist die „Gefolgschaft" dieser Kräfte begrenzt. Und die Entrüstung und Opposition der großen Mehrheit der „Aufrechten" ermutigt zu der Annahme, dass diese Strömungen als temporäres Aufflackern überwunden werden können. Ein Blick über den Ozean jedoch, auf das Amerika unter Trump, lässt neue Angst aufkommen. Dass gerade in den USA, dem Land, dessen einzigartige Erfolgsgeschichte geradezu stellvertretend mit einem Pluralismus zusammenhängt, der sich aus ethnischer Vielfalt und dem damit verbundenen Ideenreichtum entwickelt hat, eine Person wie Trump Präsident werden konnte, ist zutiefst besorgniserregend. Ebenso furchtsam macht mich der um sich greifende Terrorismus, der unsere Toleranz und Offenheit missbraucht als „Systemlücke", durch die hindurch unsere Kultur mit todbringenden Mitteln angegriffen wird. Das Ziel der Terroristen scheint klar, ihre

Beweggründe jedoch trotz andauernder intensiver Diskussion nicht.

Ich fasse zusammen:

Angst ist menschlich.

Angst ist keine Lebensart, sondern lebensnotwendig.

Urängste gehören zu uns wie die Erbinformation auf unserem Genom.

Angst lässt sich durch Nachdenken beherrschen, zumindest jedoch zwangloser erleben.

Angst ist auch Vigilanz und deshalb alles andere als unnütz.

Wer keine Angst hat, lügt.

Kapitel 2   LUST

These

Alles, was ich mir mit diesem Buch vorgenommen habe, dient auch der Befriedigung meines Bedürfnisses, in diesem Fall der Lust daran, zu schreiben, mich Ihnen mitzuteilen und Sie dazu zu veranlassen, mitzudenken. Ich erlebe dieses Tun als angenehm und deshalb als wertvoll. Mit diesem Bekenntnis habe ich ein Wahrnehmungsbeispiel von Lust als Freude an einer schöpferischen Tätigkeit aufgeführt. Lust lässt sich, wie man zu wissen glaubt, auch bei sportlichen Aktivitäten, bei sexueller Erregung und bei einer guten Mahlzeit erleben. Natürlich sind die Steuerungsmechanismen auf der Ebene von Hormonen und Neurotransmittern (Botenstoffe in unserem Nervensystem), die mit Lust in den verschiedenen Erlebensbereichen zu tun haben, gut bekannt. Damit werde ich Sie aber nicht langweilen, weil ich glaube, dass sie im Kontext unseres Nachdenkens über Lust nicht weiterführen, uns eher in die Sackgasse leiten. Jedenfalls ist es ganz sicher falsch, Lust auf die Wirkung körpereigener Stoffwechselprodukte zu reduzieren.

Lust erlebt oder empfindet man. Sie ist ein Gefühl oder eine Stimmung, das (die) sich selbst genügt. Sie ist etwas, das sich in unserem Bewusstsein abspielt, entsteht aus einem „Wollen" oder Verlangen, das weder ein Ziel hat (was Psychologen oder Psychoanalytiker sicher anderes sehen) noch etwas anderem dient, als da zu sein und als subjektiv angenehm empfunden zu werden. Lust ist nicht messbar, kann daher also nicht quantifiziert werden. Am besten ist sie charakterisierbar durch ihre Qualität, durch das, was sie beim Vorhandensein auslöst. Es sieht so aus als könne das Fehlen von Lust in unserem Leben uns schaden, uns möglicherweise sogar krank werden lassen.

Lust und schöpferische Tätigkeit

Kennen Sie die Situation, dass man sich an Gedanken von gestern zu erinnern versucht und sich umgehend darüber ärgert, diese nicht momentan aufgeschrieben zu haben? Manchmal ertappe ich mich bei dem Wunsch, nur noch als Gedankengebäude zu existieren. Wirklichkeitsfremd, gewiss, jedoch als Idealzustand schöpferischen Seins nicht ohne Charme, oder? Klar, wenn man Körperlichkeit einmal ausklammert (völlig unrealistisch, zugegeben) nähert man sich der von körperlichem Erleben befreiten Gedankenwelt. Begeben wir uns auf eine solche „Gedankenreise" wird eines schnell klar. Interessanterweise ist nämlich unsere Sprache, mit der wir nicht-körperliches Erleben ausdrücken möchten, wenig entwickelt. Egal ob Lust, empfunden als Genuss oder Schmerz, der Versuch ihrer Beschreibung führt regelmäßig zu der Erkenntnis, dass Sprache nie wirklich ausreicht, auszudrücken oder ein Bild davon zu zeichnen, was wir spüren oder gespürt haben. Ja, ich garantiere dafür, dass es mir nicht gelingen wird, Ihnen meine Lust beim Schreiben dieser Zeilen zu vermitteln, versuche es dennoch! Vielleicht könnte das besser gelingen, wenn ich die Möglichkeit hätte, meine jetzt stattfindenden Gedanken in einem persönlichen Gespräch mit Ihnen zu verbalisieren, noch besser vielleicht, wenn Sie als mein Zuhörer mir dabei zusehen, meine Mimik und meine Gesten dabei beobachten könnten. Warum ich Ihnen dies alles hier darlege? Aus einem einzigen, m. E. wichtigen Grund: Sie daran zu erinnern, dass das, was sinnliche Wahrnehmung bei uns auslöst – Wahrnehmung mit unseren 5 Sinnen also Sehen, Hören Riechen, Schmecken, Fühlen – sprachlich nicht zu vermitteln ist, es sei denn durch Bemühen von Erinnerung an sinnliche Erfahrungen, die uns, Ihnen und mir gemeinsam sein könnten.

Sinneswahrnehmungen drängen sich in unser Bewusstsein quasi als getrennte Erinnerungs-/Gedächtniswolken, aus denen es nicht „verbal regnen kann". So sehr wir sie sprachlich auszudrücken wünschen, so wenig greifbar ist das dazu verfügbare Vokabular. Es gelingt uns gerade noch, sie minimalistisch als gut oder schlecht, angenehm oder unangenehm, störend oder beflügelnd, anregend oder abstoßend usw. zu bezeichnen. Ihre wirkliche Qualität bleibt so nebulös wie ihr Zustandekommen.

Nach der Feststellung, dass die Beschreibung erlebter Lust in Ermangelung einer dafür verfügbaren Sprache nicht möglich ist, wäre es nur konsequent, wenn ich damit dieses Kapitel abschließe. Dies dennoch nicht zu tun, das Wagnis einzugehen, diese Sprache zu finden, sich auf etwas Unmögliches einzulassen und dabei voran zu kommen, das ist die Motivation für schöpferische Tätigkeit, die Lust, die dieses Tun dem Tuenden vermittelt. Als ein Beispiel für die hilfsweise Inanspruchnahme von Bildern zur sprachlichen Bewältigung der Darstellung von „Lustzuständen" bei schöpferischer Tätigkeit eignen sich große Literaten, z. B. Thomas Mann. Mit einem Höchstmaß an subtiler Feinfühligkeit gelingt es ihm in den „Buddenbrooks", durch sprachliches Zeichnen von Räumen, Gebäuden, darin vorhandenen Gerüchen und agierenden Menschen bis in feinste Details den allmählichen Zerfall einer Familie nachempfindbar zu machen. Ich behaupte, dass man seine Lust bei der „Schaffung" dieser „Sprachbilder" beim Lesen seines Romans manchmal stärker wahrnimmt, als die im Text vorhandene Botschaft – oder wollte er genau dies erreichen? Oder rufen wir die Skulpturen von Henry Moore vor unser geistiges Auge und lassen unsere Hände über die Rundungen der aus kaltem Stein entstandenen Gebilde gleiten und spüren dabei die Wärme glatter Oberflächen, die nirgendwo zu Ende sind und keinen Anfang haben. Welche Lust diese beiden ganz unterschiedlichen Künstler bei der Schaffung ihrer Kunst empfunden haben, wissen wir nicht. Dass sie durch ihr künstlerisches Werk beim Betrachter, Leser – allgemein beim Konsumenten – Lust spürbar werden lassen und neue Lust auslösen, ist unbestreitbar. Gäbe es diese Werke und die vielen weiteren, hier nicht behandelten Resultate schöpferischer Tätigkeiten nicht, wäre unsere Welt dann ärmer? Stellt sich diese Frage überhaupt?

Zwischenergebnis: Lust als Auslöser oder Begleiterscheinung schöpferischer Aktivitäten ist als gestaltende Grundmotivation eine „Conditio sine qua non". Sie in Frage zu stellen ist absurd. Aus welcher Quelle sich diese Lust nährt, z.B. sich zu profilieren, wissenschaftliche Rätsel zu lösen, neue Denkmodelle zu entwickeln, ist letzten Endes unwichtig. Sie steht quasi im Raum menschlichen Handelns, ist in allen Gesellschaften dieser Welt verfügbar und hat die „Unlust", also die zu Depressionen führende Langeweile im Laufe der überschaubaren letzten Jahrtausende besiegt. Lust prägt Kultur und ist gleichzeitig kulturell geprägt. Sich ihrer **nicht** zu bedienen, ist unmöglich. Sich ihrer bewusst zu sein, führt zu einer angenehmen, inspirierenden Stimmungslage, die für sich genommen das schöpferische Tun als Prozess aufrechterhält.

Lust und Sport

Die Lust, sich körperlichen, mit Anstrengungen verbundenen Herausforderungen zu stellen, ist vermutlich in erster Linie die Lust an Selbstbestätigung auf einem eher „verstandfernen" Niveau. Ich kann mich nicht daran erinnern, jemals ein solches Erleben von Lust gehabt zu haben. Den Körper in die Lage zu versetzen, bestimmte physische Leistungen zu erbringen, die ohne Schmerzen verursachendes Training nicht zu erreichen sind, scheint und schien mir nicht erstrebenswert. Mit Verwunderung habe ich die Disziplin bei Freunden quittiert, sich abenteuerlichen

Exerzitien zu unterziehen und mich dabei stets gefragt, ob bei solchem Tun wirklich Lust im Spiel sein kann.

Soweit es dabei darum geht, höchste und immer höhere Berge besteigen zu wollen, ohne Unterbrechung eine Strecke von 42 Kilometern zu laufen (Marathon) oder durch verwegene Verdrehungen des Körpers auf Skiern in Rekordzeit einen schneebedeckten Hang mit Hindernissen hinunter zu rasen (Riesenslalom), halte ich alle diese Herausforderungen für lebensgefährlich und ihre „Betreiber" für grob fahrlässig. Mir bieten solche „Selbstvernichtungsversuche" keinerlei Anreiz. Sie werden anmerken, dass man diese um beliebig viele Beispiele erweiterbaren Extremsportarten nicht stellvertretend für den „Sport" sehen darf. Das Argument ließe ich gelten, wenn nicht andere Gründe mit Lust verhindernden Auswirkungen für mein mangelndes Interesse an Sport anzufügen wären. Egal ob Fußball, Radrennen oder Leichtathletik, ihre Durchführung ist zur Unterhaltung von massenmedialer Dimension verkommen. Sie werden als Show inszeniert, in der die professionellen Akteure (mit „Höchstgehältern") als lebende Werbebanner von Sponsoren Markenimage unters Volk bringen. Die präsentierten Leistungen sollen begeistern, sind jedoch sehr häufig nur Resultat von Aufputschmitteln, deren Anwendung durch ausgeklügelte „Einnahmeprotokolle" möglichst unentdeckt bleiben soll. Hinter den Veranstaltern dieses Riesenzirkus stehen von Korruption beherrschte Organisationen – egal ob FIFA oder olympisches Komitee – deren skandalöses Wirken sich jeder Kontrolle zu entziehen scheint. Die Branche „Sport" als umsatzstarker (wenn nicht stärkster) Zweig der Unterhaltungsindustrie hat eben alles, was auch andere Industriebereiche haben, vor allem jedoch das Ziel, mit der „Ware" Sport Geld zu verdienen. Und das fließt reichlich aus unseren Taschen auf die Konten der Funktionäre und einiger, weniger Angestellter.

Nichts spricht anderseits dagegen, sich durch maßvolle sportliche Aktivitäten fit zu halten getreu dem Motto: *Mens sana in corporae sano*. Allerdings gelingt es mir nicht, einer solchen auf den Zweck der Aufrechterhaltung meiner körperlichen Beweglichkeit ausgerichteten Beschäftigung Lust abzugewinnen. Ich muss mich eher dazu zwingen, solche Aktivitäten aus Interesse an meiner Gesundheit zuzulassen. Diese Ansicht ist vermutlich der Einsicht geschuldet, dass mein Körper nicht zu besonderen, Lust verschaffenden sportlichen Leistungen taugt. Ich habe eher Angst davor, mir die Knochen zu brechen, meine Muskeln zu verletzen oder mir sonst wie Schaden zuzufügen.

Wenn Lust mir vorstellbar erscheint im Sport, dann noch am ehesten in den „spielerischen" Disziplinen. Solange Sport Spiel sein kann, das aus einer Laune heraus, quasi spontan als gewolltes Vergnügen der Beteiligten entsteht, so wie damals das Kicken auf dem Bolzplatz, kann Sport mit Lust verbunden sein. Dabei steht nicht der Wettbewerb um Eitelkeiten im Vordergrund, sondern ausschließlich der Wunsch, Freude zu erleben und sie mit anderen zu teilen. Ich nehme an, dass vergleichbare Situationen des Erlebens von Lust – auch aus passiver Position als Zuschauer am Sportfeldrand – im Amateursport immer noch möglich sind. Vergleichbar vergnüglich stelle ich mir Wanderungen oder Fahrradtouren vor, die man mit Freunden unternimmt. Dabei geht es um nichts als teilzunehmen, zusammen Spaß zu haben, sich zu einem entspannten Zeitvertreib zusammen zu finden. Es ist eine Form der Geselligkeit, mit der wir uns später noch beschäftigen werden.

Unter den Sportarten mit spielerischem Charakter, also Sportarten außerhalb des durchorganisierten Massenvergnügens, findet eine stetige Entwicklung statt, die sich in der Erfindung immer neuer Ausübungsarten von Sport zeigt (sogenannte „Trendsportarten"). Ihnen allen gemeinsam ist die Wiederentdeckung der Lust am Spaß, und diese Tatsache stimmt versöhnlich.

Zwischenergebnis: Sport in seinen klassischen Disziplinen einschließlich der Extremsportarten ist von Sponsoren geförderter Konsum, dessen industriell angelegtes Konzept mich abschreckt und keine Verbindung mit Lust erkennbar werden lässt. Dieses Verständnis von Sport ist das einer Ware, die zusammen mit dem Etikett „Lust" verkauft wird. Lust wird sozusagen umdefiniert in Konformismus, findet Ausdruck in „Fan-Gemeinschaften" mit „Vereinsfarben-Zwang" und bricht sich Bahn durch Herunterbrüllen inhaltsloser Parolen oder Lieder von Tribünen. Bei Extremsportarten wie Bergsteigen oder Formel-1-Rennen z.B. kommt vielleicht noch die seltsame Lust am Erschauern hinzu, wenn der Bergsteiger abstürzt oder der Rennfahrer infolge eines Fahrfehlers vor den Augen der Zuschauer einen spektakulären Unfall verursacht. Dieser Lust wohnt etwas Bösartiges inne. Sie scheint jenseits jeder Rationalität eine Berauschtheit zu erzeugen, die alles Mitgefühl abschaltet. Ist das überhaupt noch Lust? Meiner Meinung nach nicht, es sei denn, wir billigen Lust „negative Erlebnisqualität" zu, so wie damals im antiken Rom bei den als Gladiatoren gehaltenen Sklaven und vorausgesetzt, dass man bei diesen „Spielen" von Sport sprechen kann.

Sport als Spiel – egal ob einzeln oder in Gruppen durchgeführt – bietet dagegen reichlich Anlass, Lust, d.h. Freude am Tun zu erleben. Sie erscheint mir wie die erhalten gebliebene kindliche Freude am Ausprobieren der eigenen Kräfte bei der Orientierung im Raum (z.B. Gehen lernen und Erlernen anderer motorischer Fähigkeiten). Diese Freude ist ganz frei vom Zwang, sich etwas beweisen zu müssen (vermute ich jedenfalls) und kommt ganz ohne

Preise aus. Diese Lust hat mich begleitet als ich Fahrrad fahren lernte oder Schwimmen.

Lust und Sexualität

Mit wem auch immer unter meinen Freunden ich den Begriff „Lust" thematisierte, er wurde stets als erstes mit Sexualität oder Erotik assoziiert. Als Naturwissenschaftler habe ich gelernt, aus der Beobachtung nicht repräsentativer Gruppen von Individuen keine voreiligen Schlüsse zu ziehen. Dennoch hat mich diese Fokussierung der Verbindung von Lust mit Sexualität beeindruckt, weil sie ganz ausnahmslos erfolgte. Wirklich überrascht war ich dagegen nicht. Wenn Lust eine Bedeutung für das „Wohlbefinden" von Menschen hat, dann scheint sie sich in erster Linie als Lust beim Sex zu manifestieren. Beispielhaft für die erkannte (und zugegeben erwartete) „Bedeutungsschwere" dieser Assoziation stehen die ungezählten wissenschaftlichen Abhandlungen über die Sexualität des Mannes und der Frau. Auch die vermutlich zig millionenfach in anspruchsvoller und weniger anspruchsvoller Literatur erzählten Haupt- oder Nebengeschichten über komplizierte Verwicklungen und Verstrickungen, die die Lust am Sex zur Folgen haben kann, legen davon Zeugnis ab. Diese Lust beschäftigt uns in einem ähnlichen Ausmaß wie unsere Angst. Sie ist ein Antrieb, der für moralische Einwände blind macht, der abertausende elend hat zugrunde gehen lassen an den Folgen von Geschlechtskrankheiten und das Menetekel von AIDS über uns gebracht hat. Was also macht das Erlebnis der Lust beim Geschlechtsakt bzw. bei der Freude darauf, beim „Liebesspiel" so einzigartig, so sehr gewollt („Wollust"), dass es den allermeisten Menschen als unverzichtbar vorkommt, als ein Erlebnis von „ungeheurer", überwältigender Qualität. Bei der Beantwortung dieser Frage gebe ich zu bedenken, dass es die Sichtweise eines heterosexuell veranlagten Mannes ist.

Die Lust entzündet sich am wahrgenommenen Bild – aus meiner Sicht die Gestalt mit allen ihren reizauslösenden Merkmalen, dem Po, dem Busen, den Proportionen des weiblichen Körpers oder dem, was man davon unter dem bekleideten Körper erahnt. Ein Blick in das als schön empfundene Gesicht muss Augen finden, die gefallen und Bereitschaft reflektieren. Die Nase muss von einem Geruch getroffen werden, der als verführender Reiz wahrgenommen wird und den Wunsch nach körperlicher Nähe anfacht. Ist diese Nähe da, entsteht ein starker Wunsch nach Berührung, der zum Streicheln führt, zu einer festen Umarmung, zum Aufeinandertreffen der Lippen in einem Zungenkuss. Dieser Strom sinnlicher Erregung mündet in die Ekstase des „Vorspiels" und endet mit der Entladung der vereinigten Körper im Orgasmus. Zwei Menschen sind eins geworden, zutiefst zufrieden mit dem, was geschehen ist und verweilen für einige Zeit entrückt in einer zauberhaft entspannten Stimmungslage. Nach der Entfesselung eines gewaltigen Ausbruchs aller Sinne ist völlige Ruhe in die Körper der beiden Menschen zurückgekehrt, bis sie es irgendwann erneut geschehen lassen aus der so angenehmen Erinnerung an beides, das infernale Feuer des Orgasmus und die tief empfundene „postcoitale" Seligkeit.

Diese tief in uns verankerte Lust – biologisch gesehen die Grundlage für die arterhaltende Zeugung von Nachkommen – ist die „Urform" aller Lust und vermutlich deshalb in unserem Denken so präsent als Lust schlechthin. Spätestens seit der Verfügbarkeit sicherer Verhütungsmittel im 20ten Jahrhundert war der „zügellosen" Entfaltung dieser Lust Tür und Tor geöffnet, konnte sich die mit ihr verbundene Lebensfreude Bahn brechen. Zu ihrer Befriedigung stellt uns eine darauf spezialisierte Industrie mit tausenden Beschäftigten immer neue Produkte zur Verfügung, die das sexuelle Erleben revolutionieren sollen. Die „Industrialisierung" dieser Lust hat maßgeblich zu ihrer Enttabuisierung beigetragen, sie salonfähig gemacht, eine Entwicklung, die in unserer Sprache und in unserem Verhalten – einer „moralentkoppelten" Freizügigkeit im Umgang mit dieser Lust – ihren Niederschlag findet.

Die gesellschaftlichen Konsequenzen dieser Entwicklung sind m. E. unabsehbar. Wenn die Liebe stiftende Rolle sexueller Lust, ihre Partnerschaft gestaltende Bedeutung erlischt, wird eine „Spaßgesellschaft" mit völlig neuen „Spielregeln" Raum greifen. So unaufhaltsam und rasant, wie diese Veränderung voranschreitet, so hartnäckig halte ich daran fest, dass sexuelle Lust ohne Liebe – also ohne Investition in die Unterhaltung einer Partnerschaft – wertlos ist. Erst der respekt- und verantwortungsvolle Umgang sich liebender Menschen miteinander schafft die Intimität, die Sexualität und der Lust an ihrer Entdeckung ganz unverkrampft Raum gibt. Und erst dann, wenn sich in dieser Vertrautheit viele Gefühle ereignet haben, mit denen man gealtert ist, weiß man (vielleicht), was es mit dieser „Urlust" aller Lüste auf sich hat.

Zwischenergebnis: Sexualität scheint sich in ganz besonderer Weise dafür zu eigenen, dem Wesen von Lust auf den Grund zu gehen. Hier ist es ein zutiefst körperlich empfundenes Gefühl, ein bei aller individuell erlebten Unterschiedlichkeit starkes Gefühl. In meinem Versuch, diese Lust zu erklären, sie zu verstehen und sie einzuordnen, bin ich sicher nicht allen Ansprüchen gerecht geworden. Eigentlich muss man sie im Kontext mit Liebe bzw. Partnerschaft auch deshalb gründlicher untersuchen, weil sie genau in diesem Zusammenhang ihre Entfaltung erfährt (was ich ganz zum Schluss noch angemerkt habe). Auf diesen komplexeren Zusammenhang werde ich auf jeden Fall noch einmal zurückkommen müssen. Mein Hauptaugenmerk galt der Beschreibung dieser Lust – also wie sie sich äußert, was sie aus und mit uns macht – sowie der Feststellung, wie sich andere dem Wissen um die Bedeutung dieser Lust bedienen, um damit auf unsere Kosten Geschäfte zu machen. Bedeutender als die Feststellung, dass man mit sexueller Lust Geschäfte machen kann, ist die Beobachtung, dass eben dieser Kommerz zu gesellschaftlichen Veränderungen führt, die die Selbstbestätigung zu einer bestimmenden Maxim des Handelns ausruft. Auch die sicher interessante Fragestellung, warum ganz unterschiedliche Religionen (wenn nicht alle?) diese Lust „verteufeln", ja, sie mit einem Bann belegen, ist noch zu bearbeiten. Und schließlich, jedoch nicht zuletzt, wäre da noch die Frage zu klären, ob der Stellenwert, dem diese Lust beigemessen wird, wirklich ethnische, zumindest aber geographische Unterschiede aufweist und falls ja, warum. Dass diese Lust bestimmten Formen der Ritualisierung unterliegt, ist nicht streitig. Spannend ist vielmehr, herauszufinden, was dies über die soziale Rolle der Lust am Sex bzw. die Veränderung dieser Rolle in der überschaubaren, weil dokumentierten Vergangenheit aussagt. Zur Erinnerung: dieses Buch ist keine wissenschaftliche Abhandlung.

2   Schlussfolgerung LUST

Lust darauf, etwas zu tun (Antrieb) oder als das Erleben, an (bei) dem was man tut (z. B. Genuss, Vergnügen) kann man als zwei voneinander getrennte Betrachtungsebenen von Lust verstehen. Insofern hätte ich meine Gedanken über Lust auch nach diesen Kriterien unterteilt darstellen können. Ich bin dieser Einteilung jedoch deshalb nicht gefolgt, weil mir bei der Arbeit an diesem Kapitel klar wurde, dass sie nicht immer eindeutig voneinander zu trennen sind, weil Antrieb und Erleben sich gegenseitig bedingen können und dies auch beinahe immer der Fall ist. Es sind Gefühle, also subjektive Empfindungen, die Lust auslösen und gleichermaßen beim Lusterlebnis hervorrufen. Da ich auf Essen und Trinken im nächsten Kapitel noch eingehen werde, habe ich diese beiden Erlebnisbereiche mit Lustpotenzial hier (vorläufig) ausgeklammert.

Auf die Verbindung zwischen Antriebsgefühl und dem erlebten Gefühl muss ich noch einmal zurückkommen. In meiner These zu diesem Kapitel habe ich Lust über ihr Erleben definiert. Daher ist Lust im strengen Sinne des Wortes immer sinnlich, also ein mit unseren Sinnen als *angenehm wahrgenommenes Erleben*. Ich halte es für unstrittig, dass sinnliche Wahrnehmung für unser Denken konstitutiv ist. Folglich wird Lust sich in unseren Gedanken, im Bewusstsein über uns prinzipiell positiv widerspiegeln. Diese Definition hat jedoch eine entscheidende Schwäche: sie erlaubt keine ausreichend scharfe Abgrenzung von leichtfertig verwendeten Begriffen, wie z.B. Mordlust, Zerstörungslust oder ‚Lust am Erschauern‘ (s. S. 29 Lust & Sport). Die Motive (Gefühle), die in den drei genannten Beispielen den Antrieb speisen, wie z. B. Wut-, Neid- oder Minderwertigkeitsgefühl, eventuell auch verletzte Gefühle besitzen eine Qualität, die auf einer grundsätzlich negativen Bewertung und Deutung von Lebenserfahrungen fußt, also Erfahrungen mit Menschen und Situationen. Der sich aus solchen Gefühlen speisende Antrieb (zu töten, zu zerstören, zu verletzen usw.) führt – so vermute ich – auch zu einer anderen, jedoch vermutlich trotzdem für den Handelnden als befriedigend empfundenen Erlebnis-Qualität. Machtgefühle, Vergeltungs- und Schadenfreude und „Genugtuung“ werden dabei ganz im Vordergrund stehen. Diese Qualität sowohl der auslösenden wie der durch das Handeln hervorgebrachten Gefühle ist mit meinem Verständnis von Lust nicht zu vereinbaren, hat m. E. daher auch mit Lust nichts zu tun.

Deshalb empfehle ich einen sorgfältigen Umgang mit dem Begriff ‚Lust' und eine differenziertere Wortwahl bei der Beschreibung anderer Antriebskräfte und Erlebnisqualitäten menschlichen Handelns.

Dass Lust (i. S. m. Definition) auch negative Folgen haben kann, sich insbesondere bei ihrem und durch ihr Erleben auch gegen uns wenden kann, sei der Vollständigkeit halber erwähnt. Die negative Rückkopplung (Ausuferung, Verstärkung) an sich positiver Gefühle z.B. bei Genuss (Sex, Essen und Trinken), kann **Sucht** entstehen lassen, die nach Perfektion strebende schöpferische Tätigkeit **Besessenheit** zur Folge haben, und die leichtsinnige **Selbstüberschätzung** während sportlicher Vergnügungen kann zu Verletzungen führen.

Es besteht kein Zweifel daran, dass Lust eine facettenreiche, wichtige Antriebskraft menschlichen Handelns ist. Sie hat (auch ohne pharmazeutische Hilfsmittel) sportliche Höchstleistungen zustande gebracht, die uns eine Vorstellung darüber vermitteln, was der menschliche Körper zu leisten in der Lage ist. Sie hat uns mit einer überwältigenden Anzahl von Kunstwerken aus allen Disziplinen (bildende Kunst, Schriftstellerei, Musik) beglückt, mit z. T. bahnbrechenden Werken „großer" Denker (Philosophen, Soziologen), die zu einem tiefen Einblick in das menschliche Dasein geführt haben, mit einer riesigen Anzahl wissenschaftlicher Erkenntnisse und technischer Errungenschaften, die das enorme schöpferische Potenzial der Menschheit überall auf der Welt deutlich belegt. Sie hat uns mit all dem und der Freiheit, unser sinnliches Erleben (auch in der Sexualität) selbstverantwortlich zu gestalten, von Vorurteilen aus finsteren Zeiten unserer Geschichte befreit und neue Optionen für die Gestaltung unserer gesellschaftlichen Ordnung geliefert. Und sie wird dies weiter tun solange wir sie zulassen und ihr ohne Angst Raum geben.

Dass das Fehlen von Lust krankmachen kann, habe ich nicht weiter vertieft. Eine umfassendere Darstellung dieses Themas wäre für die (Lebens-)sinnstiftende Bedeutung von Lust sicher hilfreich gewesen. Auf eine solche Darstellung musste ich jedoch verzichten, da sie auf das Wissen aus der klinischen Psychologie oder Psychoanalyse hätte zurückgreifen müssen, über das ich nicht verfüge und welches ich mir nicht anmaße. Daher soll hier der Hinweis genügen, dass es ausreichende Evidenz für Erkrankungen des Menschen gibt, die auf das Nichtvorhandensein von Lust zurückzuführen sind.

Ich fasse zusammen:

Lust entsteht aus Gefühlen und bringt Gefühle hervor.

Lustgefühle sind immer positiv „gefärbt".

Lust auf das Entdecken ist die wichtigste Lust, weil sie ermöglicht, dass wir uns entwickeln.

Lust infrage zu stellen, ist absurd. Sie gehört zum Dasein.

Lust kann in Sucht oder Besessenheit ausarten.

Wer Lust nicht zulässt, kann krank werden.

Kapitel 3   ESSEN & TRINKEN

These

Essen und Trinken soll nach einer Redensart Leib und Seele zusammenhalten. Ob das stimmt, werden wir in diesem Kapitel untersuchen. Wenn meine Beobachtung richtig ist, haben Essen und Trinken sehr häufig genau den gegenteiligen Effekt: sie führen zu Problemen mit der Gesundheit und erzeugen nicht unerhebliche seelische Qualen.

Dass Essen und Trinken Grundbedürfnisse darstellen, die jedem Menschen für seine körperliche Integrität zugestanden werden müssen, steht außer Frage, nicht dagegen, ob jeder Mensch diese Grundbedürfnisse auch befriedigen kann. Dass Hunger und Durst auf dieser Welt herrschen, ist unerträglich, jedoch bittere Realität. Der Graben zwischen unserem Anspruch an Humanität und der Wirklichkeit in den sogenannten Armutsregionen auf dieser Welt kann tiefer nicht sein. Diese Tatsache als schicksalhaft hinzunehmen heißt, die Mitverantwortung für die Tragödien hunderter Millionen Artgenossen abzulehnen, unsere Mitverursachung zu leugnen.

In der Zusammensetzung der Nahrung und in Verzehrsgewohnheiten spiegeln sich kulturelle Unterschiede wider, die über Jahrhunderte gewachsen sind. Solche Unterschiede sind gerade dabei, sich mit atemberaubender Geschwindigkeit innerhalb weniger Jahrzehnte aufzulösen, eine Konsequenz u.a. der Erlebnis- und Erfahrungsmöglichkeit fremder Gewohnheiten durch praktisch unbegrenzte Reisemöglichkeiten innerhalb kürzester Zeit. Ob dieser „Kulturaustausch" wechselseitig erfolgt, darf bezweifelt werden. Was er leisten kann, außer Erinnerungen an ein Urlaubserlebnis auszulösen, wollen wir zu klären versuchen.

Das Zelebrieren von Ess- und Trinkgewohnheiten verdeutlicht, dass die Nahrungsaufnahme weit über die bloße Befriedigung von Bedürfnissen hinausgehen kann. Es kommen nicht einfach Proteine, Fette, Kohlenhydrate, Mineralstoffe und Vitamine auf den Teller. Das Essen wird vielmehr als Kunstwerk „gereicht" (das Auge isst schließlich mit) und nicht auf einmal, sondern als Abfolge mehrerer Gänge. Solche Menüs isst man nicht einfach, man verzehrt oder verkostet sie. Sicher würde Wasser als Getränk dazu prinzipiell genügen, dem Gourmet nicht! Der benötigt zur Glückseligkeit zu jedem Gang den „passenden" Wein, zum Entrée einen angemessenen Aperitif und nach dem Dessert einen Digestif, eben wie es sich gehört! Diesem genussorientierten Verständnis von „speisen" steht die Auffassung gegenüber, Essen und Trinken als biologische Notwendigkeit zur Aufrechterhaltung unserer Vitalfunktionen zu begreifen.

Schließlich macht das Thema Essen & Trinken einen nicht unerheblichen Anteil unserer täglichen Gespräche aus, sei es die bloße Besprechung der Einkaufsliste mit dem Partner beim Frühstück, der Austausch von Rezepten bzw. von Bewertungen oder Adressen empfehlenswerter Restaurants beim Treffen mit Freunden oder die Planung der Menüs und der Tischordnung für Feiern zu besonderen Anlässen.

Essen und Trinken sind tägliche Beschäftigungen, denen wir meist unbewusst, selten bewusst nachgehen. Die Art und Weise, wie wir mit der Hauptbeschäftigung unseres täglichen Lebens umgehen, verrät viel über unsere Persönlichkeit. Mit etwas Aufmerksamkeit lässt sich in diesem Umgang unser innerer Wertekompass entdecken.

Hunger und Durst nüchtern betrachtet - Ausgangspunkte

Menschen sind „Allesfresser" (omnivor), was sie z.B. mit Schweinen gemeinsam haben. Ob Menschen und Schweine deshalb bei ihrer Evolution die gleichen Chancen hatten, vermag ich nicht zu beurteilen. Jedenfalls ermöglicht diese Fähigkeit, unterschiedlichste Substrate pflanzlichen und tierischen Ursprungs als Nahrungsgrundlage zu verwerten, eine nicht zu unterschätzende Flexibilität beim Überleben in Notlagen. Solche Notlagen – z. B. kosmisch ausgelöste Naturkatastrophen oder Klimaveränderungen - hat der Mensch im Laufe seiner Evolution wohl tausendfach überstehen müssen. Dass dem Menschen das überhaupt möglich war und ist, nämlich ein vergleichsweise breit gestreutes Angebot von Nahrungsmitteln zur „Energiegewinnung" und zum Aufbau seines Körpers zu verwerten, hat mit Kleinstlebewesen zu tun, die wir in unserem Verdauungstrakt beherbergen. Sie sind unsere lebenslangen Gäste, und was sie alles können, beginnt die Wissenschaft gerade erst zu verstehen. Lassen sie uns einen kleinen Spaziergang in die wissenschaftliche Welt unternehmen, um besser zu verstehen.

Was die meisten unter ihnen wissen ist, dass die festen Nahrungsbestandteile in unserem Essen zunächst mechanisch zerkleinert werden müssen, was wir mit unseren Zähnen im Mund beim Kauen bewirken. Schon hier wird unserer Nahrung Verdauungssaft (Speichel) hinzugefügt, mit dem zusammen wir unsere Nahrung dann schlucken und auf ihre Reise durch die die verschiedenen Teile unserer „Verdauungsanlage" schicken, also Magen, Zwölffinger- und Dünndarm, danach über den Mittel-in den Enddarm, von wo aus die Verdauungsreste dann wieder „freigegeben" werden. Um unsere Nahrung für uns verwertbar zu machen, benötigen wir Spaltwerkzeuge (also sogenannte Enzyme), die dafür sorgen, dass der Nahrungsbrei in kleine Moleküle zerlegt wird. Diese wiederum können ins Blut aufgenommen und an den Ort des Bedarfs transportiert werden. Die erste große Überraschung für viele von ihnen wird sein, zu erfahren, dass unsere angeborene Ausstattung mit Enzymen gar nicht ausreichen würde, um all das zu spalten was sich durch unsere Verdauungskanäle bewegt. Diese Aufgabe haben Mikroorganismen (Bakterien, Viren und Pilze) übernommen, die sich über Jahrmillionen in unseren Eingeweiden breitgemacht haben, die wir als Gäste in unserem Körper beherbergen und mit denen wir uns aufs Trefflichste arrangiert haben. Ihre Gesamtheit, gemessen an der Anzahl der Zellen, die sie repräsentieren, übersteigt die Anzahl unserer Körperzellen um das Zehn- bis Zwanzigfache. Ganz genau kann man das bisher nicht sagen. Sie stellen praktisch ein „Organ im Organ" dar, und was sie im Einzelnen alles bewirken, steuern, regeln, wird in seiner ganzen Tragweite gerade erst erkennbar. Warum ich diesen Ausflug in die Wissenschaft mit ihnen unternommen habe, hat zwei Gründe:

(1) Alles, was es bisher an Vorstellungen (Theorien) über die Regulierung von Hunger und Durst gab, muss auf den Prüfstand. Denn diese Mikroorganismen sind nicht einfach nur da, um beim „Verdauen" zu helfen. Ihre Anwesenheit in unserem Körper muss quasi mit uns abgestimmt werden. Dazu bedienen sich diese Mikroorganismen einer ganz eigenen Sprache (bestimmte Moleküle, die Signale beinhalten), die wir verstehen, weil wir dafür ein „Erkennungssystem" (sogenannte Rezeptoren) entwickelt haben.

(2) Ganz offensichtlich geht die Kommunikation zwischen diesen Mikroorganismen und uns weit über das hinaus, was

für die Verdauungsarbeit notwendig ist. Es wird immer klarer, dass diese „Partnerschaft" ein hochkomplexes Zusammenwirken mit sich bringt, dass Krankheitsvermeidung und -enstehung ebenso erklären kann wie eine Beeinflussung unseres Immunsystems bis hin zur Verursachung bestimmter Verhaltensauffälligkeiten.

Diese wissenschaftlichen Erkenntnisse wollen wir bei allem Folgenden in Erinnerung behalten, insbesondere dort, wo es um die noch zu beleuchtenden Folgen von Ernährungsunsitten und um deren „Behandlung" geht. Alle darüber hinaus gehenden Einblicke in physiologische und biochemische Prozesse sind für die weiteren Betrachtungen verzichtbar. Sie erschließen sich auch ohne die Kenntnis dieses Wissens aus unserer täglichen Erfahrung. Ein letzter Hinweis sei dennoch hinzugefügt, weil er für das Grundverständnis von Lebensvorgängen wichtig ist. Alle Stoffwechselvorgänge, also Vorgänge in unserem Körper, in denen aus Nahrung Energie für unsere Aktivitäten gewonnen wird und bei denen die Bausteine für den Aufbau unseres Körpers entstehen, spielen sich in wässriger Lösung ab. Ohne Wasser könnten wir daher nicht existieren. Wasser ist lebenswichtig, um nicht zu sagen lebensentscheidend und wenn wir uns länger als 4-5 Tage kein Wasser zuführen können, müssen wir sterben. Das Fehlen von fester Nahrung lässt sich dagegen 10-mal länger aushalten.

Einige grundlegende Verhaltensweisen, die uns zum Essen und Trinken veranlassen, werden also durch biologische Vorgänge in unserem Körper autonom kontrolliert, sichern damit unser Überleben. Diese Bedingungen sind für alle Menschen überall auf der Welt gleich. Sie sind daher als fest in unserer Art verankerte Antriebskräfte anzusehen.

Zwischenergebnis:

Dass bei erwachsenen Menschen der Wassergehalt ungefähr 70% des Körpergewichts ausmacht, legt nahe, dass Wasser für unser Leben sehr wichtig ist. Am höchsten ist der Wassergehalt im Blut und im Gehirn (zwischen 85 und 95%). Unser Denkapparat kann ohne Wasser also nicht arbeiten. Da wir Wasser nicht speichern können (es geht uns permanent verloren beim Schwitzen, Atmen und Verdunsten über unsere Körperoberfläche), müssen wir für einen kontinuierlichen Ausgleich des Verlustes sorgen.

Unsere Fähigkeit, unterschiedlichste Nahrung für die Aufrechterhaltung aller körperlichen Funktionen und Leistungen zu nutzen, verdanken wir einer riesigen Armada von Mikroorganismen, die uns bei der Nahrungsverwertung hilft. Das Wissen über diese Tischgenossen (Kommensalen) ist nicht neu. Wie enorm umfangreich und vielgestaltig diese Gruppe von Mikroorganismen ist und welche komplexen Vorgänge sie im Austausch mit körpereigenen Zellen, Geweben und ganzen Organen ausüben, ist dagegen erst in diesem Jahrzehnt bekannt geworden. Obwohl vieles noch zu untersuchen und dadurch zu klären ist, kann bereits jetzt gesagt werden, dass Störungen dieses „Ökosystems" in unserem Bauch weitreichende Folgen für unsere Gesundheit haben können. Unser Wohlbefinden hängt damit auch von Mikroorganismen ab, genauer von ihrer optimalen Zusammensetzung. Das spannende an dieser Erkenntnis ist, dass nicht allein die Gene, die wir von unseren Eltern erhalten haben, unser Leben bestimmen, sondern auch Gene von „Fremdorganismen". Biologisch betrachtet, wird unsere Selbstbestimmung (Autonomie) daher von anderen, zwangsweise in uns beherbergten Organismen mitbestimmt. Wir haben nicht die Freiheit, sie als Gäste einkehren zu lassen. Wir müssen ihr Dasein zu unserem Besten akzeptieren.

Geographie von Essen & Trinken

So, wie es eine Geographie des Denkens gibt (5), existiert eine Geographie von Essen & Trinken und vermutlich reflektieren diese beiden Aussagen die beiden Seiten ein und derselben Medaille. Gemeint sind die Verankerung des Denkens sowie die Bevorzugung von Nahrungsmitteln und Getränken in der Kultur großer Gruppen von Menschen an unterschiedlichen Orten auf dieser Welt. Da Kultur solange abstrakt bleibt, wie sie nicht durch Erlebtes erfahren wurde und auf diese Weise Inhalt bekommen hat, werde ich mich einerseits auf Europa und anderseits auf Südostasien beschränken. Ich kann nur über etwas schreiben bzw. berichten, was ich durch eigene Exposition verinnerlichen konnte, was mich nachhaltig geprägt hat, d. h., auch heute noch eine Rolle spielt, mich gedanklich beschäftigt. Fangen wir in (mit) Europa an.

Ich bin in Deutschland geboren und aufgewachsen. Meine Lebensreise innerhalb Deutschlands hat es mit sich gebracht, dass ich Norddeutschland (wo ich geboren wurde und meine Kindheit verbrachte), Hessen (wo ich Schulzeit und Studium absolvierte), Nordrhein Westphalen (wo ich meine erste Industrieerfahrung sammeln konnte und heute lebe) und Brandenburg (das Herkunftsland meiner zweiten Ehefrau und Mittelpunkt familiärer Beziehungen) intensiver kennengelernt habe. So geradlinig, wie die skizzierte Zusammenfassung war meine Lebensreise bis heute jedoch nicht, weil es – bezogen auf die Bundesländer – immer einmal wieder ein Hin und zurück gab, bedingt durch den Wechsel des Arbeitgebers. Meine Erfahrung mit Kultur in Deutschland ist daher auch von unterschiedlichen Phasen meiner persönlichen Entwicklung geprägt. Ob mich diese von Vorurteilen freimacht, wage ich dennoch zu bezweifeln.

Für Deutsche scheinen Essen und Muße sich irgendwie im Wege zu stehen. Zur Zubereitung von raffinierten Geschmackskompositionen haben (oder nehmen sich) die wenigsten Zeit. Außerdem fehlt den meisten Deutschen eine sinnliche Beziehung zum Genießen. Die Bandbreite der heimischen Gewürze und Zutaten ist eher klein, eine Nuancierung zwischen „scharf" und „fade", sauer und süß gelingt damit kaum. Obwohl sich Erfahrungen geschmacklicher Vielfalt aus Italien, Frankreich und Spanien auf die deutsche Esskultur ausgewirkt haben, gelangt die Geschmacksknospen verführende Variation von Gewürzen selten auf den deutschen Esstisch. Wer das besondere „Esserlebnis" wünscht, geht zum „Speisen" lieber in die zwischenzeitlich unzähligen Restaurants, die fremdländische Speisen anbieten. Dass die Küchenchefs dieser Restaurants dabei häufig gar nicht mehr authentisch zubereiten, sich an die eher eindimensionale Geschmackswahrnehmung ihrer deutschen Gäste angepasst haben, sei nur am Rande vermerkt. Essen hat in Deutschland vornehmlich „Verzehrs-Charakter", wird vergleichsweise schnell und schweigend erledigt – manchmal sogar während der Arbeit – und trägt kaum zu mehr bei, als ein vorläufiges Sättigungsgefühl hervorzurufen. Kreativität bei der Vorbereitung von Speisen ist für Deutsche jedenfalls nicht typisch – eine große Mehrheit (65%) deckt sich mit Fertiggerichten ein, die maximal noch mit Salz und Pfeffer verfeinert werden können – und die Mahlzeit zum Gedankenaustausch zu verwenden, ebenso wenig. Als Nachkriegskind überblicke ich einen Wandel in den Hitlisten von Gerichten auf deutschen Esstischen, die – so vermute ich – auch mit der anhaltenden Reiselust der Deutschen zusammenhängt. So haben italienische Nudelgerichte die Kartoffel als Koch-, Brat- oder Stampfkartoffel verdrängt. Der Kartoffelsalat jedoch wird nach wie vor am Heiligabend zusammen mit Kochwürstchen bei den meisten Deutschen auf den Tisch kommen.

Gewiss gibt es in Deutschland viele regionale Gerichte, jedoch bei weitem weniger als z. B. in Frankreich. Auch die soziale Komponente des Speisens miteinander ist wohl in keinem westeuropäischen Land so ausgeprägt, wie in Frankreich. Mehr als 80% aller Franzosen messen dem gemeinsamen Mittagessen, bei dem es nicht nur um das Essen geht, eine unverzichtbare Rolle bei. Ein durchschnittliches Abendessen besteht aus wenigstens 3 Gängen, dauert für gewöhnlich länger als eine Stunde und ist ein feststehender Tagesordnungspunkt im familiären Tagesablauf. Dagegen ist das Frühstück eher spartanisch. Ein Bol Kaffee und ein Croissant reichen den meisten Franzosen, um den Tag zu beginnen. Während man in Deutschland etwa 300 verschiedene Brotsorten findet, reichen den Franzosen 10 Sorten, unter denen das Baguette und das klassische Pain die Hauptvertreter sind. Brotstücke werden nie vom Laib abgeschnitten (außer bei Pain gris), sondern abgerissen und werden nie auf den Teller gelegt, sondern bleiben auf dem Tisch liegen.

Ähnliche Essgewohnheiten findet man in Spanien vor. Auch hier kommt dem gemeinsamen Mittagessen mit Freunden und Kollegen eine wichtige Bedeutung für den Austausch von Neuigkeiten und Gedanken zu. Zwischen 13:30 und ca. 15:30 sind die Belegschaften vieler Firmen in Spanien nur eingeschränkt erreichbar. Beim Essen lässt man sich nicht gerne stören! Abendessen wird frühestens ab 21:00 Uhr eingenommen und hat hier, wie in Frankreich, fast immer mindestens 3 Gänge. Als Starter wählt der Durchschnittsspanier aus einem riesigen Angebot an Tapas aus (von denen man sich, so meine persönliche Erfahrung, auch alleine ausreichend ernähren kann). Immer im Sommer kann man die kalt verzehrte „Tomatensuppe", Gazpacho, genießen, eine bei hohen Außentemperaturen herrlich erfrischende Angelegenheit.

Im Vergleich zu Deutschland, das sich in dieser Hinsicht deutlich verändert, wird sowohl in Frankreich wie in Spanien gerne und häufig Wein zum Essen getrunken. Die Auswahl an verfügbaren Rotweinen – so unterschiedlich sie auch in Frankreich und Spanien sind – ist facettenreich genug, um jede Geschmacksrichtung zu bedienen. Über die Weine Westeuropas, die natürlich ohne die italienischen Weine nicht komplett wären, ließe sich ein eigenes Buch schreiben.

Mit diesen Schlaglichtern europäischer Ess- und Trinkkultur wechsele ich den Blick auf Südostasien (Thailand, Vietnam, Laos, Kambodscha, Malaysia und Indonesien). Singapur besitzt in Sachen Ess- und Trinkkultur eigentlich keine Eigenständigkeit, weil der Lebensstil in dieser Metropole stark durch Expatriates bestimmt ist und damit auch die Verzehrsgewohnheiten. Will man dennoch originäre Küche in Singapur finden, muss man entweder eine der vielen Garküchen besuchen oder sich in Chinatown umsehen.

Thailand, Vietnam, Laos und Kambodscha, so unterschiedlich die Gerichte dieser Länder im Detail sein können, haben eins gemeinsam: Reis ist Grundnahrungsmittel und man könnte meinen, dass dies auch für Chili gilt. Am schärfsten wird in Thailand gegessen, dessen Speisekarte alleine drei verschiedene Curry-Pasten ausweist, nämlich gelb, rot und grün (mit dem grünen Curry als schärfster Variante). Als Grundlage für die Zubereitung von Currys und auch mancher Dessertvariationen (im Allgemeinen sehr süß) dient Kokosmilch. Sesam- und Erdnussöl, Soja- und Fischsoße (letztgenannte am besten aus Phu Quoc, einer vietnamesischen Insel im Golf von Thailand) sind aus der Küche dieser Länder nicht wegzudenken, ebenso wenig wie Kafir-Blätter, Koriander, Zitronengras, Ingwer und andere exotische Gemüse und Gewürze.

Was mich immer wieder überrascht, ist die vollständige und dauerhafte Sättigung, die auch kleine Mahlzeiten bewirken.

Aus Thailand, Singapur und Malaysia kenne ich eine Einrichtung, die unter der Bezeichnung „Food Stall" bekannt ist – riesige Hallen, in deren Mitte endlos viele Tische und Stühle (Bänke) stehen und an deren Seiten sich viele kleine Stände befinden, die bestimmte Gerichte zubereiten und verkaufen. Diese „Esshallen" sind hervorragend geeignet, die Fülle regionaler Gerichtsvariationen und Zubereitungsarten der Länder kennenzulernen und eignen sich ganz besonders gut, Menschen beim Essen zu erleben. Wer sich traut, unter Einheimischen sein Essen einzunehmen, wird mit großartigen Geschmacks- und mit sensationellen olphaktorischen Erlebnissen belohnt und sieht sich von freundlich lächelnden Menschen umgeben. Die unbeschreiblich emsige und von hunderten Gesprächen bestimmte Atmosphäre ist ein Teil des Genusses.

Food Stalls kleineren Maßstabs, sogenannte Garküchen, findet man in allen großen Städten der genannten Länder, in denen es Chinesenviertel (China Towns) gibt. Es wäre jedoch vermessen, mit den wenigen genannten Beispielen die umfangreiche südostasiatische Küche abgebildet zu haben. Obwohl ich diese Länder bereits seit 12 Jahren bereise, verkoste ich jedes Mal neue Gerichte aus einer nicht enden wollenden Vielfalt von Heiß-, Warm- und Kaltspeisen.

Food Stalls oder Garküchen als Fast Food Bereiche darzustellen, ist aus meiner Sicht falsch. Zwar ist das Angebot an Gerichten bis zu einem gewissen Ausmaß standardisiert, zeichnet sich jedoch durch eine riesige Auswahl aus. Mir sind die „Esstempel" eher als Orte des gemeinsamen Verzehrs vorgekommen, als Begegnungsstätten zum Austausch von Neuigkeiten und Meinungen, an denen es sich nebenbei gut essen lässt.

Zwischenergebnis:

Essen und Trinken sind bei aller grundlegenden Bedeutung für unsere Existenz wunderbar abwechslungsreich und beherrschen unsere Gedanken unentwegt. Wer einmal ernsthaft gefastet hat, wird verstehen, was es bedeutet, sich erneut der Vielfalt hingeben zu dürfen. Die Erfahrung, Hunger und/oder Durst zu erleiden, existiert für uns Durchschnittseuropäer praktisch nicht mehr. Unsere selbstvergessene Genusskultur leistet sich eine Unbekümmertheit, die auch zur massenhaften Vernichtung von Verzehrbarem führt. Hinzugefügt sei, dass nicht nur verdorbene Nahrung oder großzügig entsorgte, weil nicht mehr frische Essensreste in enormen Mengen anfallen, sondern auch eine Unmenge an Verpackungsmüll. Unsere Essgewohnheiten insbesondere in den wohlhabenden Ländern Westeuropas sind Ausdruck eines Überangebots an Lebensmitteln, das zu einem substantiellen Wertschätzungsverlust gegenüber Lebensmitteln geführt hat. In Deutschland werden aktuell rund 18 Millionen Tonnen Lebensmittel/Jahr weggeworfen. Der Kunststoffanteil am Verpackungsmüll beträgt unglaubliche 2,9 Millionen Tonnen/Jahr. Gewiss, auch in Asien verderben Lebensmittel, jedoch meistens aus anderen Gründen, wie schlechter Lagerhaltung oder mangelnder Transportwege und fehlender Vermarktungsmöglichkeiten.

Bei aller Unterschiedlichkeit des beschriebenen Nahrungsmittelangebots und der Ess- und Trinkgewohnheiten zwischen Europa und Südostasien hat die Globalisierung Fuß gefasst. So findet man in den Ballungsgebieten der aufgezählten asiatischen Länder natürlich auch amerikanische Fastfood-Ketten und Supermärkte mit Fertiggerichten und einem Getränkeangebot, in dem auch Coca-Cola nicht fehlt. Sobald man diese Ballungsgebiete jedoch hinter sich lässt, wird eine asiatische Auffälligkeit erkennbar: in beinahe jedem Ort gibt es täglich Märkte, auf denen alle Lebensmittel frisch vom Acker oder aus dem Meer sowie aus Schlachtereien angeboten werden. Was bei uns in Deutschland eine zögerliche Renaissance erlebt (in Frankreich z.B. viel verbreiteter ist), nämlich Märkte abzuhalten oder direkt bei Bauern einzukaufen, ist in Asien der Regelfall. Vorratshaltung, insbesondere für leicht verderbliche Lebensmittel, ist hier klimabedingt verständlicherweise problematisch. Die tägliche Zubereitung von Mahlzeiten aus frischen Nahrungsmitteln ist daher ein fester Bestandteil des Alltags und hat allein aus diesem Grund eine Bedeutung, die den meisten Europäern völlig abhandengekommen ist.

Es erscheint schnell nachvollziehbar, dass ein Zusammenhang zwischen Klima und Lebensmittelangebot und in der Folge auch Ess- und Trinkgewohnheiten besteht. Diesen Zusammenhang jedoch als einzige Begründung für die zu beobachtenden nationalen Gewohnheiten und Besonderheiten heranzuziehen, wäre zu einfach. Selbstverständlich spielen religiöse Einflüsse eine Rolle und Sitten und Gebräuche, die über Jahrhunderte entstanden sind. Ess- und z.B. Teezeremonien als Teil der asiatischen Riten kann, wer will, bei Konfuzius (551 – 479 v. Chr.) in dem umfangreichsten der kanonischen Bücher, dem „Buch der Riten" nachlesen. Der Gebrauch von Stäbchen (ursprünglich vermutlich immer aus Bambusholz hergestellt) anstatt Messer und Gabel so wie der Gebrauch von Gabel (als Schieber) und Löffel (vornehmlich in Thailand) macht Sinn, da die zubereiteten Mahlzeiten alle Zutaten in zerkleinerter oder zerzupfter Form enthalten. Schlechte Zähne jedenfalls, so mein Eindruck, können bei Asiaten nicht der Grund für die Art und Weise sein, das Essen zuzubereiten.

Vielleicht ist alles, was ich bisher über die Gründe für geographische Ess- und Trink-Gewohnheiten angeführt habe, zu oberflächlich oder viel einfacher zu erklären.

Kybernetisch betrachtet, bedingt der geographische Standort das Nahrungsangebot. Das Klima und der Boden sind ausschlaggebend für die Flora, die anderseits die Zusammensetzung der Fauna mitbestimmt. Klimaveränderungen und der Erfindungsdrang des Menschen (z.B. Tier- und Pflanzenzucht) stellen die wichtigsten Störgrößen dar, die das Nahrungsangebot und damit Traditionen der Ess- und Trinkgewohnheiten verändern. Dieser sehr mechanistische Blickwinkel muss jedoch ohne die Veränderungen auskommen, die sich in einer Gesellschaft im Laufe der Zeit ereignen. Deshalb taugt er nicht zur Ursache-Wirkung-Analyse, kann höchstens ansatzweise helfen, einige Unterschiede deutlich zu machen.

Am Ende meines Exkurses bleibt die Faszination, die mich erfüllt, wenn ich mir die Vielfalt vergegenwärtige, die mir beim Essen und Trinken an den unterschiedlichsten Orten auf dieser Welt begegnet ist.

Essen & Trinken – ein moralischer Appell

Ganz eindeutig spielen Essen und Trinken nicht nur eine lebenserhaltende Rolle. Aber genau diese Rolle könnte sich am Ende lebensvernichtend auswirken.

7,5 Milliarden Menschen wollen ernährt werden. Die unglaubliche Fläche des Kontinents Afrika wird nach Schätzung von Experten jetzt schon benötigt, um den Fleischverzehr der Weltbevölkerung sicher zu stellen. Für die Erzeugung des Bedarfs an Gemüse, Getreide und Obst braucht man danach nicht weniger als die Fläche Südamerikas. Wie soll das weitergehen?

In dem wir, und insbesondere diejenigen unter uns, denen es gut geht, lernen, uns zu beschränken. Unsere Wissenschaftler sind intelligent genug, die Ökobilanzen für das Angebot von einem kg Rindfleisch oder einem Zentner Kartoffeln zu berechnen.

Der populärwissenschaftliche Journalismus hat es vollbracht, uns nahezubringen, welche katastrophalen Folgen Monokulturen (z.B. Zuckerrohr auf der Insel Mauritius, Kautschuk-Baum-Plantagen in Südostasien, jetzt abgelöst von Ölpalmen) haben können für das natürliche Gleichgewicht in Biotopen. Dennoch schreitet die Verwüstung unserer Erde voran und wir schauen zu. Wir erlauben Politikern die Leugnung der Klimakatastrophe (President Trump) auf Veranstaltungen der „Weltgemeinschaft" (Weltklimagipfel), ohne jede Konsequenz!

Andererseits organisieren wir unsere ganz privaten Feiern zum Geburtstag z. B. oder einem Jubiläum, ganz zu schweigen von Ostern, Weihnachten, dem Jahreswechsel mit opulent aufgetragenen Gaumenfreuden ohne die leiseste Andeutung von Skrupel. Hat man an solchen Tafelfreuden erst einmal Gefallen gefunden, wird sich auch an „normalen" Tagen ein gewisser Bedarf für das „kleine" Extra auf dem Teller einstellen. Auf diese Weise, quasi „Scheibe für Scheibe", „Portion für Portion" wirken wir unbemerkt, jedoch äußerst nachhaltig, an der Zerstörung der Erde mit. Nicht schlimm! Denn wer so handelt, merkt ja nichts davon – außer womöglich an seiner Gesundheit, die ihm früher oder später ja sowieso abhandenkommen wird. Jedoch bereits die Generation unserer Enkel oder Urenkel, deren Lebenskampf die meisten von uns nicht erleben werden, könnten die Opfer unseres Verhaltens sein.

Weil die Unbekümmertheit als Folge des Vergessen-Könnens in uns so ausgeprägt ist, weil wir nie gelernt haben, unsere Existenz im Kontext mit den zukünftigen Existenzen zu denken, weil uns so etwas wie Achtung vor dem möglichen Irrtum in unserem Handeln abhandengekommen ist, sind wir vermutlich nicht belehrbar. Was wir sind, weiß ich nicht – nur so viel sei gesagt: dass es Menschen geschafft haben, diese Erde zu beherrschen, ist nur einem Zufall (und vermutlich um Haares Breite) zu verdanken. Dass wir es offensichtlich nicht schaffen, diese Erde, unseren Lebensraum, zu erhalten, ist die größte „Blamage" der Menschheit! Es dazu nicht kommen zu lassen, ist die größte Herausforderung der Menschheit. Gemeint bin ich, der Autor dieser Aussage, sind Sie, der Leser und alle unsere Bekannten, Freunde, Familienangehörigen. Die Lobbyisten der Nahrungsmittelbranche anzuklagen, bringt genauso wenig wie die Politiker abzuwählen, die sich kaufen ließen. Beide Sorten Menschen wird es morgen bereits wieder geben. Nur unser Verhalten kann dafür sorgen, dass beide Sorten Menschen überflüssig werden.

Abgesehen von ihrer Lebensraum-vernichtenden Konsequenz ist die Maßlosigkeit bei Essen und Trinken zwischenzeitlich auch für ihre Lebenszeit-vernichtende Eigenschaft bekannt. Maßlosigkeit hat etwas mit Kontrollverlust über das eigene Verhalten zu tun. Kontrollverlust wiederum ist Folge eines „Wertewegfalls", der – bizarr genug – sowohl Antrieb für unser Tun wie auch unser vorzeitiges Ende sein kann. Denn die Maßlosigkeit besteht nicht darin, einfach nur zu viel von allem zu sich zu nehmen, sondern in der selektiven Übertreibung beim Verzehr von Nahrungs- und Genussmitteln wie z.B. Zucker oder Alkohol.

Was die beiden genannten Lebensmittel miteinander verbindet, ist ihr Suchtpotenzial. Dass Alkohol Sucht auslösen kann, wird nicht wirklich überraschen. Zucker dagegen ist in unserem „Nährwertverständnis" nicht Drogen-verdächtig. Irrtum! Und genau dieser Irrtum – oder besser, das Nicht-wahr-haben-Wollen – ist der Grund für eine ständig steigende Anzahl Deutscher mit Typ 2 Diabetes (aktuell um ca. 7,5% der Bevölkerung) sowie den weiterreichenden Folgen der Übergewichtigkeit und der damit wiederum verknüpften Herz-Kreislauf-Erkrankungen. Die Folgen für die Solidargemeinschaft der gesetzlich Krankenversicherten ist eine

Kostenexplosion, wenn angenommen wird, dass der Anteil der Erkrankten jährlich um 5% ansteigt.

Gute, „gesunde" Ernährung hat ihren „Wert" verloren, weil das Riesenangebot an Lebensmitteln eine Auswahl ermöglicht, die alleine durch die Auswahlmöglichkeit „Gesundheit" suggeriert. Unser Lebensstil, geprägt von notorischem Zeitmangel (den es eigentlich gar nicht geben kann, da Zeit eine reale, konstante Größe ist) und eines ganz und gar unkritischen Einkaufsverhaltens (wir haben die Entscheidung über gute oder nicht so gute Lebensmittel den Marketingexperten der Lebensmittelhersteller überlassen) macht aus uns verführte Narren. Außerdem haben wir jede Beziehung zu unserem Konsumgut verloren, das wir ja nicht mehr selbst anbauen müssen. Und war die Ernte in Deutschland ein Desaster, dann kommt der Mais eben aus den USA. Mangel erleben wir nicht mehr und wenn uns die öffentlichen Medien verhungernde Menschen in Afrika oder Indien zeigen, können wir ja auf einen anderen Sender wechseln.

Ein Innehalten ist dringend erforderlich, um mehr zu leisten, als zu appellieren. Wir brauchen einen Paradigmenwechsel. Jedoch zu allererst sind Menschen notwendig, die uns erklären, wie das alles zusammenhängt und uns durch gebetsmühlenartige Wiederholung klarmachen, dass jeder Tag, den wir verlieren, uns am Ende um das bringt, was uns auszeichnet: **Entwicklungsfähigkeit!**

Zwischenergebnis:

Wir haben es in der Hand, jeder von uns, auch morgen noch mit unseren Freunden Essen und Trinken zu genießen und dieses Privileg für unsere Enkel und Urenkel zu erhalten. Egal, was wir anstoßen, es muss jetzt passieren! Das Konzept, welches diesem

Ziel dienen kann, ist vielgestaltig. Es beinhaltet reflektierte Zurückhaltung beim Verzehr in unserer Generation, eine an Biodiversität angepasste Landwirtschaft und ein Höchstmaß an innovativer Forschung für die Erhaltung von Natur sowie zur Verfügbarmachung alternativer Nahrungsquellen. Massentierhaltung ist verzichtbar. Wenn jeder die Hälfte isst, reicht zur Sicherstellung des Nahrungsangebots auch eine ökologische Landwirtschaft. Wenn von dieser Hälfte eine weitere Hälfte eingespart werden kann durch neue Nahrungsmittel aus der Retorte, und mit dem Verändern von Essgewohnheiten eine Abkehr vom Fressen hin zum bewussten Verzehr stattfindet, ist diese Welt – unsere Erde, mit uns, als deren Bewohnern – vielleicht noch zu retten.

Natürlich ist ein solches Konzept ohne politischen Willen einer Gesellschaft nicht umsetzbar. Wir als „Verbraucher" sind der politische Wille, nicht unsere Minister oder die Behörden in Straßburg, Brüssel oder anderswo auf dieser Welt. Was wir nicht kaufen, können die Lebensmittelkonzerne nicht verdienen und müssen die Behörden nicht „regeln". M.E. ist allein das wohltuende Gefühl jede Anstrengung wert, welches sich einstellt, wenn man sich aktiv verändert und anderen dabei hilft, an diesem Gefühl der „Selbstwirksamkeit" Teil zu haben.

Wir haben die Gesamtheit der genetischen Information im menschlichen Genom entschlüsselt. Wir haben brillante Entwicklungen in Naturwissenschaft und Technik ermöglicht und sind in Mikro- und Makrokosmos weit vorgedrungen. Es kann nicht sein, dass wir bei dieser, vergleichsweise einfachen Aufgabe, versagen, oder?!

3 Schlussfolgerung ESSEN & TRINKEN

Einen weiten Bogen über etwas so alltägliches wie Essen & Trinken habe ich hier geschlagen, und dabei gelernt, dass es alles andere als alltäglich ist. Ich bin mir bewusst, dass in dem Moment, in dem ich diesen Satz in meinen Laptop tippe, Hunderte von Menschen an Hunger oder Durst sterben, Hunger und/oder Durst, dessen Ursache ich durch mein Verhalten womöglich mitverursacht habe.

Genauso klar habe ich meine Geschmackswahrnehmung in Erinnerung, als ich vor noch nicht weniger als 3 Wochen mein letztes Pad Kee Mao in Khao Lak, Thailand gegessen habe. In diesem Spagat der Assoziationen bewegen sich meine Gedanken zwischen Verantwortungsbewusstsein und Genuss.

Als Altruist (der an das Gute im Menschen glaubt) bin ich optimistisch, dass sich Vernunft und Herz in enger Umarmung durchsetzen und die Entwicklungen anbahnen, die im respektvollen Umgang mit Ressourcen, miteinander und mit dem Willen zum Erfolg gesunde Ernährung und gelegentlichen Genuss zulassen. Der Weg dahin jedoch, wird viel (Überzeugungs-) Kraft kosten, Privilegien zum Einsturz bringen (an der Natur darf nicht verdient werden), zu neuen Geschäftsmodellen führen. Aber dies ist schon wieder ein anderes Thema für ein eigenes Buch!

Ich fasse zusammen:

Essen und Trinken zu dürfen, ist alles andere als selbstverständlich.

Essen und Trinken ist lebenserhaltend.

Essen und Trinken kann sehr krankmachen.

Die geographische Vielfalt von Essen und Trinken ist faszinierend.

Bei Essen und Trinken entfalten Menschen sehr viel Kreativität.

Ohne die Hilfe von Bakterien oder Viren sind wir nicht existenzfähig.

Es ist nicht auszuschließen, dass wir uns durch unser Ess- und Trinkverhalten selbst vernichten.

Kapitel 4   GESELLIGKEIT

These

Die Bestimmung des Menschen sei – nach Aristoteles (1) – die eines Zoon politikon („soziales, politisches Tier"). Dem stimme ich insoweit zu, als der Mensch zu seiner Entfaltung und Entwicklung seinesgleichen braucht. Menschen sind jedenfalls nur höchst selten „Einzelgänger" (sich selbst „genügende" oder auf sich selbst bezogene Wesen, quasi Autisten oder Narzissten), einmal ganz abgesehen davon, dass die arterhaltende Minimalanzahl eine Kleinstgruppe von zwei Menschen voraussetzt, nämlich einen Mann und eine Frau. Wenn wir die vielen Phasen der Entwicklungsgeschichte unserer Art überspringen und mit dem Homo sapiens von heute beginnen, so ist die biologische Notwendigkeit der oben genannten Kleinstgruppe bereits obsolet. Bei der Zeugung von Nachkommen unserer Art kann auf Samenbanken zurückgegriffen werden. Die der Zeugung vorausgehende Paarung ist gewissermaßen „wegrationalisiert" worden. Was diese Entwicklung für die Zukunft menschlicher Gesellschaftsformen bedeuten kann, klammere ich vorerst aus.

Die Gesellschaft, in die wir hineinentbunden werden, ist der unentrinnbare kontextuelle Rahmen unser aller Selbstverwirklichung. Gesellschaft ist nichts Abstraktes. Gesellschaft ist immer ganz und gar konkret, entwickelt sich. Ihre Normen, Prinzipien und damit Werte und Umgangsformen verändern sich mal langsam und mal in rasantem Tempo. Gesellschaft verlangt von uns Orientierung, d.h. zu den sich ereignenden Veränderungen Position zu beziehen.

Unsere Orientierung geschieht über einen längeren Zeitraum unabsichtlich, bis wir als pubertierende Adoleszente unsere Position herausfinden und in der Folge Änderungen unserer Orientierung absichtlich vornehmen. Mit beginnendem Erwachsenenalter spielt sich unser Leben in drei Teilbereichen gesellschaftlicher Aktivitäten ab:

Familie

Arbeit (Beruf)

Freunde (Hobbies).

Wir bilden unsere Persönlichkeit in diesen drei Teilbereichen individuell unterschiedlich aus, legen je nach Lebensumfeld (um das Wort „Sozialisation" auszusparen) Werte fest und bestimmen und verändern immerfort Rangordnungen von Bedeutungsinhalten in diesen drei „Kernbereichen" unserer Lebensaktivitäten. Es macht aus meiner Sicht keinen Sinn, die drei Lebenserfahrungsbereiche getrennt auf die Frage hin zu analysieren, wie sich in ihnen Geselligkeit ereignet. Dass sie sich ereignet, ist klar. Aber ebenso klar würde das getrennte Beleuchten der Geselligkeit in Familie und Arbeit sowie mit Freunden beim Hobby eine künstliche Aufteilung ergeben, die vermutlich für keinen meiner Leser repräsentativ wäre. Alle drei Bereiche sind eng miteinander verzahnt, beeinflussen sich gegenseitig und das für jeden zu unterschiedlichen Zeitpunkten mit ganz unterschiedlichen Konsequenzen.

Dies lässt sich sehr stark vereinfacht (unzulässig!!) darstellen, indem wir unsere jeweilige Persönlichkeit als Netzdiagramm mit willkürlich skalierten numerischen Werten für die relative Wichtigkeit der drei Kategorien Familie, Arbeit, Freunde abbilden. So ließe sich vielleicht die Richtung der geselligkeitsbestimmenden Aktivitäten festlegen.

Es ist ferner m.E. unsinnig, Geselligkeit nach der Zweckbindung der mit ihr verbundenen Aktivität zu differenzieren. In letzter Konsequenz ist alles Handeln zweckgebunden, weshalb ich ausschließe, dass es zweckfreie Geselligkeit gibt. Damit wird es also keine weitere Unterteilung dieses Kapitels in Unterkapitel geben. Das Zusammensein-Müssen und -Wollen des Menschen, seine Geselligkeit, hat wie keine andere Veranlagung die Welt geprägt. In ihr liegen Chance und Bedrohung unserer Zukunft, heute wie vor 300.000 Jahren.

Geselligkeit als Ausdruck von Werden und Bewältigen

Wie festgestellt, wird sich unsere Persönlichkeit ohne Begegnung, Konfrontation und/oder neutral formuliert „Interaktion" mit unseren Artgenossen nicht entwickeln. Im Zuge unserer Entwicklung werden wir erfahren, dass Gesellschaft komplex aufgebaut ist und ganz Unterschiedliches bedeuten kann. Wir werden unser Tun und Lassen unter anderem daran orientieren, ob es uns nützlich oder unumgänglich erscheint. Dabei können Spielregeln des Zusammenseins eine Rolle spielen, die sich entwickelt und verfestigt haben, die man als „Tradition" respektiert. Unser Tun und Lassen kann sich jedoch auch aus reiner Freude und Entspannung heraus entwickeln. Geselligkeit entsteht aus eigenem Antrieb, ohne Druck von außen (Erwartung), so zu sagen als freiwilliges Sich-vergesellschaften-Wollen.

Ob der Zweck der Zusammenschlüsse zu kleineren oder größeren Gemeinschaften („Communities") nun das Austauschen von Meinungen ist, das Engagement für politische Ziele, die Freude am Spielen oder die ehrenamtliche Tätigkeit bei der Betreuung

Benachteiligter, das Spektrum „geselliger" Aktivitäten ist so gren-
zenlos wie die Fantasie von Menschen in freiheitlich geprägten
Lebensräumen.

Ferner fallen einem die vielen Vereine ein, in denen Menschen
sich „verheimaten", um ihrer Sozialnatur eine Bühne zu geben,
auf der sie eine Rolle zugewiesen bekommen oder – je nach Charakter – einnehmen. Wer sich die Mühe macht und unter der
Rubrik „Vereine" im Telefonbuch seiner Gemeinde nachschaut,
der wird über die bloße Anzahl der Einträge überrascht sein. So
also verschafft sich der Drang des Menschen nach Geselligkeit
Struktur und Raum auf einer eher friedvollen Ebene spielerischer
Interessen. Egal, ob man sich zum Wandern trifft, zum Karten- o-
der Schachspielen, zur Pflege althergebrachter Traditionen in Hei-
matvereinen, zum Tanzen oder zum Informationsaustausch über
Weltanschauungen, der Mikrokosmos geselliger Aktivitäten im
Makrokosmos gleich welcher Gesellschaft ist schier unbegrenzt.
Die Vereins- und Club-Ziele, denen sich ihre Mitglieder verbunden
wissen, sind Ausdruck des Ideenreichtums der Menschen im öffentlichen Raum einer Gesellschaft, der Zivilgesellschaft. Unab-
dingbare Voraussetzung für Geselligkeit ist die Selbsterkenntnis,
für andere interessant zu sein, und das Interesse an anderen. Eine
der einfachsten Formen geselligen Beisammenseins sind Abendessen oder „Kaffeekränzchen", zu denen man Freunde ins eigene
Heim einlädt, um beim gemeinsamen Essen Neuigkeiten auszu-
tauschen und Diskussionen zuzulassen, die auch das Ziel haben,
Argumente zu prüfen auf denen Ansichten beruhen. Nach der Devise „essen, trinken, schwätzen", die auch die Wirtshausgesellig-
keit bestimmte, haben vermutlich die meisten Menschen irgendwann in ihrem Leben Geselligkeit erfahren.

Es ist sicher für jeden nachvollziehbar, dass Geselligkeit, also die auf persönlichen Initiativen fußende Organisation von Freizeitaktivitäten in der Zivilgesellschaft, Werte und Normen der Gesamtgesellschaft reflektiert und gleichzeitig beeinflusst. Sie ist damit auch Ausdruck der Lebensweise, der Erwartungen an und Sehnsüchte nach Privatheit in „unregulierten", d.h. nicht von Institutionen durch Gesetze und Verordnungen eingeschränkten Lebensbereichen. Man möchte unter sich sein, ohne Zeitdruck oder Profilierungszwang zu erleben. Man möchte einfach nur einer Aufgabe gemeinsam mit anderen nachgehen, ohne darüber Rechenschaft ablegen zu müssen, ob diese Aufgabe nun einen Wert über das gemeinsame Tun hinaus hat.

Damit ist verständlich, dass unsere Aktivitäten in diesem Bereich der Geselligkeit umso intensiver nachgefragt sind, je stärker unser familiärer und beruflicher Lebensalltag an uns zerrt und je größer die Gefahr ist, bei Verlust von Orientierung durch Familie und Arbeit zu vereinsamen. Gleichzeitig verändern sich die Formen des Zusammensein-Wollens (in den letzten beiden Jahrzehnten sogar rasant) mit den Veränderungen im Lebensalltag. Wer Arbeit hat, hat auch meist sehr viel davon, wer Arbeit und Familie hat, ist ständig wechselnden Herausforderungen ausgesetzt, die kaum noch Zeit für „kompensatorische" Geselligkeits-Aktivitäten übriglassen.

Für den Fall, dass die Ausprägung von Geselligkeit Symptom des Gesundheitszustandes einer Gesellschaft ist, stelle ich fest, dass unsere Gesellschaft bereits erkrankt ist. Einer Gesellschaft ein Attest auszustellen, das sie quasi krankschreibt, ist über endlose Generationen zur Tradition gewordene Vorgehensweise der Älteren. Dieser Tradition werde ich mit meiner Kritik nicht verfallen. Ich werde versuchen, durch Veranschaulichung des Offensichtlichen zu überzeugen.

Zunächst einige Fakten des statistischen Bundesamtes. Aktuell (2016) wird die Einwohnerzahl Deutschlands mit 82,5 Millionen Menschen angegeben. 11,5% der in Deutschland lebenden Menschen haben eine ausländische Staatsangehörigkeit (9,2 Millionen), 22,5% werden als Menschen mit „Migrationshintergrund" aufgeführt (18,6 Millionen). Nach der Definition des statistischen Bundesamtes zählen zur *„Bevölkerung mit Migrationshintergrund alle Personen, die die deutsche Staatsangehörigkeit nicht durch Geburt besitzen oder die mindestens ein Elternteil haben, auf das dies zutrifft. Im Einzelnen haben folgende Gruppen nach dieser Definition einen Migrationshintergrund: Ausländer, Eingebürgerte, (Spät-) Aussiedler und die Kinder dieser drei Gruppen"* (Quelle: www.destatis.de).

Nach gleicher Quelle betrug das Medianalter aller Einwohner Deutschlands 45,4 Jahre im Jahr 2014. Diese Angabe bedeutet, dass 50% der deutschen Bevölkerung jünger, und 50% älter als 45,4 Jahre war. Dies mag man interessant finden, doch viel interessanter ist die Feststellung, dass dieses Medianalter seit 1970 (damals 33,8 Jahre), also innerhalb von 44 Jahren um 11 Jahre angestiegen ist, ein deutlicher Hinweis darauf, dass sich die Altersstruktur in Deutschland zu höherem Alter hin verschiebt. Die Gründe hierfür sind vielgestaltig, die Auswirkungen substantiell. Die Auseinandersetzung mit dem „Migrantenzustrom" (siehe oben) im Jahr 2015 und die Festlegung von Toleranz gegenüber Ausländern war zu diesem Zeitpunkt Sache der Älteren in unserer Gesellschaft (51% der „Deutschen" im Alter zwischen 40 und 80 Jahren). Dieser demografischen Gruppe standen nur knapp ¼ der Bevölkerung (24,5 %) im Alter von 20 bis 40 Jahren gegenüber. Dies verdeutlicht, dass es die Älteren sind, die zu einem großen Teil der Nachkriegsgeneration angehören und durch viel Frustration und Enttäuschung geprägt sind, die den „sozialen" Rahmen von Geselligkeit prägen. Diese Älteren unter uns (mich einge-schlossen) haben sich Ende der 60er Jahre des 20ten Jahrhun-derts einmal eine andere Gesellschaft gewünscht, und eine Weile von dieser Vision geträumt. Die normative Kraft des Faktischen hat diese Älteren eingeholt und ist dabei, ihre „Vereinsgesellig-keit" weg zu pusten! Nur wenige halten dem Tempo der Verän-derungen stand, finden die Chancen, die Veränderung bietet, um sich gestaltend einzumischen, mitzuwirken.

Geselligkeit, die schöpferisch aktiv in einer Gesellschaft stattfindet, entfaltet ganz andere Kräfte, als eine Geselligkeit, die erlebte Frustration und Enttäuschung kompensiert. Es sieht ganz so aus, als sei die „kompensatorische Geselligkeit" das vorherr-schende Prinzip der Freizeitgestaltung des frühen 21. Jahrhun-derts. Daran hat die Digitalisierung (s. später Seite 71) maßgebli-chen Anteil.

Der Druck, irgendwelchen sozialen Netzwerken anzugehören, wird durch äußerst geschicktes Marketing der Medien-Anbieter immer höher. Ohne Facebook, WhatsApp, YouTube und die an-deren auszukommen, grenzt an eine Entscheidung zum streng as-ketischen Eremiten-Dasein. Ich befürchte, dass schon eine ganze Generation von Menschen abhängig ist von diesen Medien und sich unendlich viel kostbare Lebenszeit durch diese Anhängigkeit stehlen lässt. Das heißt jedoch, dass wir nicht nur manipulierbar sind, sondern **schon manipuliert werden**! Was die meisten nicht verstehen oder einsehen, ist, dass sie enorm wertvolle Zeit ihres Lebens vergeuden mit einer „Pseudokommunikation".

Gehen Sie in Gedanken mit mir auf eine Zugreise und be-obachten Sie die Fahrgäste. Zählen Sie diejenigen, die auf irgend-eine Weise mit ihrem Smartphone, Tablet oder Laptop beschäf-tigt sind und versuchen Sie, auch nur **einen** Reisenden zu finden, der sich mit seinem Nachbarn (seiner Nachbarin) in ein engagiertes Gespräch vertieft hat oder ein Stück Papier beschreibt. Sie werden diesen einen Reisenden vermutlich nicht finden! Dieses Experiment genügt, um zu erklären, welche dramatische Veränderung bis in die verstecktesten Kammern unseres Unterbewusstseins die Computertechnologie bereits vollbracht hat.

Natürlich ist mir klar, dass das keiner hören möchte. Fast unisono höre ich Sie sagen, dass diese Technologie uns doch schon tausend-, nein millionenfach Vorteile gebracht hat. Wir können uns auf Knopfdruck („Maus-Click") das ganze Wissen dieser Welt vor Augen führen, wir können enorme Datenmengen speichern. Wir können diese Daten analysieren und sekundenschnell Ergebnisse abrufen, für deren Berechnung wir noch vor 20 Jahren ggf. Stunden oder Tage gebraucht hätten. Ärzte können lebensrettende Diagnosen erstellen, weil computergestützte bildgebende Verfahren leisten, was nie vorher möglich war. Dies alles ist richtig bis zu dem Moment, in dem die Stromverbindung unterbrochen wird!!

Wenn unsere Sprache, unser Denken, auf die beiden Zustandsformen des binären Codes der Computertechnologie zurückfällt, wird unsere Welt vielleicht nicht untergehen, aber armselig werden. Diese Armseligkeit wird sich derjenigen hinzugesellen, die schon da ist, seit wir die Aufgabe zu lösen versuchen (die nicht lösbar ist!), den radioaktiven Abfall unserer 50-jährigen Atomkraftwerke-Geschichte zu entsorgen, der hunderttausende von Jahren strahlen wird.

Die gesellschaftlichen Entwicklungsräume für unsere geistige Weiterentwicklung – um nicht zu sagen „Erneuerung" – die Entwicklung der großen Mehrheit der Menschen zu neuem Können und Verstehen, werden stetig kleiner. Es fehlt die Lebhaftigkeit und Lebendigkeit im Streit, neue Wege aus der Sackgasse zu finden, in die uns unser Denken von gestern manövriert hat, so wie der Mut fehlt, diesen Streit mit klugen Ideen zu befeuern. Unser vorherrschend konsumtiver Umgang mit Freizeit hat zur Verflachung ideeller und gesellschaftlicher Verhaltensformen geführt. Die Hooligans der Fan-Clubs von Fußballvereinen, die enthemmte Zügellosigkeit von Teilnehmern an „Mega-Events" der Musik und Pop-Scene sind das Ergebnis dieses „Werte-Schredderns". Der totale Werte-Verfall zeigt sich in den Hasstiraden und kaum noch als verbale Entgleisung zu bezeichnenden „shitstorms" der Mitglieder sozialer Medien. Was hier passiert, kann man nur noch als „Dekultivierung" bezeichnen.

Andererseits scheint die Aussichtslosigkeit anstrengender Diskussionen zu lähmen, bei denen wir uns regelmäßig in den komplexen „Sickergruben" der „Auswegsuche" verheddern und deshalb scheitern. Nach der Devise „das bringt ja doch nichts" wird dann auch noch der Rest an Mut aufs Einmischen beerdigt. So würde Geselligkeit als Flucht aus dem realen Alltag zu einer Scheinwelt degenerieren, einer Geselligkeit, von der Schopenhauer (3) gesagt haben soll, sie diene (ohnehin) nur dem Zweck, der Vereinsamung entgegenzuwirken.

4   Schlussfolgerung GESELLIGKEIT

Familie, Arbeit und Freizeit als die Bühnen, auf denen sich Geselligkeit ereignet, haben erhebliche Veränderungen erfahren. Diese Veränderungen sind das Ergebnis von Entwicklungen auf jeder einzelnen dieser Bühnen, und haben den szenischen Raum für Geselligkeit, für die Entwicklung/Entfaltung von Persönlichkeit, umfassend neu dimensioniert. Das Neue am Heute im Vergleich zum Gestern besteht in der Geschwindigkeit, mit der Heute Gestern wird, ohne dass wir eine Chance hatten, das Heute überhaupt als Ergebnis des Gestern zu begreifen. Die Dimension der Erinnerung, der Vergangenheit, geht verloren, scheint für unsere zukünftige Lebensgestaltung bedeutungslos zu werden. Zukunft bietet uns keine Erinnerung. Dies macht zu einem guten Teil die Enttäuschung und Frustration der Älteren (s. S. 67,68) unter uns aus, nicht mehr gebraucht zu werden bzw. nur noch zu stören.

Der szenische Raum für Geselligkeit wird immer künstlicher, virtueller. Das reale Leben von „gestern" mit all seinen tradierten Werten der Identitätsstiftung geht fast unmerklich verloren. Der Chat erobert seine Bühne als neue Form der Geselligkeit. Die Teilnehmer der Kommunikation über das Web können in völlige Anonymität abtauchen, ja sie müssen noch nicht einmal real existieren! Für das Tun und Lassen im „World Wide Web" muss sich keiner wirklich verantworten. Geselligkeit als Entstehungsort originärer gesellschaftlicher Entwicklungsmöglichkeiten wird immer seltener.

Es sind insbesondere drei Entwicklungen, die unseren Lebensalltag – um nicht zu sagen unsere Lebensplanung per se – sehr nachhaltig verändern, ohne dass jetzt bereits absehbar ist, was diese Entwicklungen mit unserer Kreativität und „Soziabilität" anrichten werden.

Hierzu gehören die Urbanisierung, also die Entwicklung von Metropolregionen, in denen etliche Millionen Menschen ein neues Zuhause finden (müssen). Da hier und anderswo Wohnraum immer teurer wird, bleibt jungen Menschen mit Kindern keine andere Wahl, als ihren Lebensunterhalt aus zwei (und ggf. mehr) Einkommen zu finanzieren. Die damit verbundene berufliche Herausforderung stellt hohe Anforderungen an die Organisation des Lebensalltags, bei der die Eltern nicht mehr auf Hilfe aus der Familie zurückgreifen können. Die Großfamilie – als Mehrgenerationenhaushalt – hat schon Mitte des vergangenen Jahrhunderts Abschied genommen.

Zu dieser Veränderung der Lebensrealität gesellen sich die mittel- und unmittelbaren Folgen der Globalisierung. Arbeit wird immer häufiger nur zeitweise verfügbar sein und Mobilität voraussetzen. Kontinuität, gemeint als Verweilen an ein und demselben Aufenthaltsort und als längeres Fortbestehen einer beruflichen Aufgabe bei ein und demselben Arbeitgeber, wird gänzlich verschwinden. Hinzu kommt eine immer schneller sich verändernde Berufswelt, die andauerndes Lernen – zumindest jedoch Fortbilden – erforderlich macht.

Schließlich werden diese beiden Entwicklungen überlagert oder eingerahmt von der wohl bedeutendsten technologischen Entwicklung in der Geschichte des Menschen, dem Computer. Die ihm zugrundeliegende Technologie – zusammengefasst gerne als „Digitalisierung" bezeichnet – hat wie keine andere Entwicklung davor alle Lebensbereiche beeinflusst, massiv verändert und ist auf dem besten Weg, uns als „faustischer Geist" nicht mehr los zu lassen.

Über die gesellschaftlichen Auswirkungen der Digitalisierung ist sehr viel Papier beschrieben worden, das ich, wie einleitend festgelegt, nicht weiter zur Kenntnis nehme. Meine eigene Erfahrung leitet mich zu einer ganz und gar eindeutigen Erkenntnis:
1. der Computer ist ein **notwendiges Werkzeug** geworden für die Erledigung nicht lebensnotwendiger Vorgänge
2. seine berufliche Nutzung **erspart ständiges Reisen** und **erzeugt** eine neue **Wahrnehmung von „Zeit"**, die krank machen kann

3. egal ob beruflich oder privat genutzt, hat der Computer die **Begegnung** mit **/ zwischen Menschen** und die dabei stattfindende **Kommunikation eindimensional** werden lassen.

In einem Satz formuliert: wir benutzen den Computer als Werkzeug und merken dabei nicht, wie träge und abhängig uns seine ständige Optimierung macht. Geselligkeit zu organisieren, wird uns quasi abgenommen, denn dazu haben wir dank des Computers ohnehin keine Zeit mehr.

Es sieht so aus, als breche der Homo sapiens (der sehr kluge oder weise Mensch) zu einer Metamorphose in eine neue Unterart auf, die sich mithilfe ausgefeilter künstlicher Intelligenz quantensprung-artig weiterentwickelt. Jedenfalls werden die Zeiträume, die verstreichen, bis immer neue Technologien verfügbar sind, ständig kürzer. Andere haben die neu entstehende Subspezies schon einmal provisorisch mit dem Namen Homo *artificiosus* benannt, eine Namensgebung, die die Richtung, in der die Entwicklung voranschreitet, m. E. richtig voraussagt. Was mich an dieser Entwicklung zutiefst besorgt, ist die enorme Geschwindigkeit, mit der sie voranschreitet. Ich befürchte, dass unser Bewusstsein nicht in der Lage ist, die Dimensionen dieser Veränderungen zu erfassen, sie zu verstehen und ihre Auswirkungen einzugrenzen. Die neu geschaffene, künstliche Intelligenz arbeitet schneller als unsere biologische und v.a. kümmert sie sich nicht um Ethik, Sozialverträglichkeit, Humanität.

Ich fasse zusammen:

Geselligkeit ist nicht zweckgebunden.

Geselligkeit findet in der Familie, bei der Arbeit und in der Freizeit statt.

Geselligkeit ist Selbstfindung und -bestimmung durch Kommunikation und Interaktion mit anderen Menschen.

Die existierenden Formen von Geselligkeit reflektieren die Sehnsüchte einer Gesellschaft.

Radikale Veränderungen der Lebensrealität durch digitale Medien reduzieren den Raum für Geselligkeit dramatisch.

Es ist nicht auszuschließen, dass wir unsere Soziabilität einer digitalen Weiterentwicklung opfern. Damit hätten wir dann auch Geselligkeit vernichtet.

Kapitel 5   Zusammenfassung

Bis zum letzten Satz von Kapitel 4 konnte ich mich vor einem abschließenden Urteil über die Zukunft des Homo sapiens drücken. In diesem letzten Kapitel muss, werde ich Farbe bekennen.

In meiner „Einordnung" ganz am Anfang dieses Buches (s. S. 13) hatte ich bereits durch die Formulierung: „der erreichte Evolutionsstand unserer Art taugt nicht für große Entwürfe einer endlichen Glückseligkeit" meinen Zweifel daran zu erkennen gegeben, dass wir Menschen mit all unseren Stärken und Schwächen auf einem guten Weg sind. Ich hatte darauf hingewiesen, dass wir mit selbstvergessener Arroganz unsere Geschichte ignorieren oder zumindest bereitwillig vergessen und zur Bescheidenheit zurückfinden müssen (ich füge jetzt hinzu: bevor es zu spät ist). Warum ich diese Festlegung am Anfang meiner Arbeit an diesem Buch so wichtig finde, möchte ich hier noch weiter vertiefen. Keine Angst, ich halte mich an mein Versprechen, keine Kulturkritik (s. S. 6 „Vorwort") durch die Hintertür zu integrieren noch der Versuchung zu erliegen, mich als Orakel zu betätigen.

Henning Mankells Buch „Treibsand – Was es heißt, ein Mensch zu sein" (2) hat mich tief beeindruckt. Der Autor erlaubt uns an seiner Reise durch sein Leben teilzunehmen, einer Reise, deren „Route" unter dem Eindruck des bevorstehenden Todes (wg. einer Krebserkrankung) kein Anfang und kein Ende hat. Diesem Buch, verdanke ich eine wichtige Erkenntnis: es gibt weder einen richtigen noch einen falschen Moment, sich mit grundlegenden Fragen des Lebens zu beschäftigen. Und: für eine solche Beschäftigung benötigt man nichts als gesunden Menschenverstand, Ruhe und Ausdauer beim Nachdenken und den Mut, Worte für seine Gedanken zu finden. Mir Klarheit zu verschaffen über die eigene Lebenssituation, mit dieser Klarheit eine Bewertung der eigenen Rolle auf dieser Welt vorzunehmen, der wir nur einen unvorstellbar kurzen Moment angehören, drückt meine Freude am Leben aus.

Zu den Antriebskräften, die aus meiner Sicht das Leben ganz wesentlich beherrschen, habe ich Stellung genommen. Ihre relative Bedeutung für mich habe ich bewertet und damit eine nur auf mich zutreffende Einordnung vollzogen. Bei der Arbeit an dieser Analyse – die im wahrsten Sinne des Wortes eine Selbstanalyse war – sind Erkenntnisse entstanden, die viele Fragen aufgeworfen haben. Es ist unmöglich, allen Fragen in diesem Kapitel nachzugehen. Die Beantwortung des größten Teils der neu aufgeworfenen Fragen wird meine Aufgabe im nächsten Buch sein. Hier soll daher nur einer kleinen Auswahl besonders brennender Fragen nachgegangen werden.

Dankbarkeit erfüllt mich, wenn ich mir die erkenntnisreichen Momente bei der Arbeit an diesem Buch in Erinnerung rufe, bei denen *Nachdenken* mich zu immer neuen Fragen, immer „tieferem Graben" im Treibsand des Alltags angespornt hat. „Denk doch ‚mal nach" wurden wir als Kinder ermahnt, wenn es darum ging, in der Schule oder zu Hause etwas Wichtiges zu lernen. Das Wort *„Nachdenken"* weist für mich zwei Bedeutungen aus, die des Denkens, gefolgt von der des Verstehens, das sich nach dem Denken erst ereignen kann. Für die meisten von uns wird Nachdenken dasselbe bedeuten wie Denken und die Unterscheidung von zwei Teilprozessen in unserem Gehirn beim Nachdenken als philosophische Spitzfindigkeit betrachtet werden. Dass das Verstehen bezweckende Denken in „Rastern" erfolgt, deren Zusammensetzungen für jede Person einzigartig sind, ist vermutlich auch nachvollziehbar. Alter, Bildung, erreichte berufliche Qualifizierungen, Herkunft und ethnische Zugehörigkeit z.B. lassen sich als übergeordnete Rasterelemente definieren. In Verbindung mit den persönlichen Erfahrungen stellen diese Raster also das jeweils individuelle Sichtfenster dar, mit denen die Welt erkannt und über sie nachgedacht wird. Mein „Denkraster" habe ich in diesem Buch offengelegt, jedenfalls erkennbar gemacht.

Was mich besorgt, ist, verstanden zu haben, dass es Denkraster gibt. Wenn ich das erkenne, erkennen das auch klügere Menschen, als ich. Halten wir fest: Nachdenken ist ein Prozess, der bis hin zum Verstehen einer allgemeinen, klar festzulegenden Struktur folgt, das heißt alle Voraussetzungen erfüllt, die an einen Algorithmus zu stellen sind. Folglich lassen sich Denkraster in Form von Algorithmen festlegen. Diese dann in Computerprogramme zu transformieren, ist für Spezialisten „trivial". Was solche Entwicklungen leisten können, wie sehr wir bereits beim „Verstehen" manipuliert werden, kann ich nur vermuten. Ich weise vorsorglich schon einmal darauf hin, dass man dabei ist, neue Supercomputer zu entwickeln, die die Leistungsfähigkeit heutiger Supercomputer um das 10- bis 100-fache überschreiten. Das, so glaubt man unter Experten, sei die Rechenleistung um neuronale Netzwerke in der Größenordnung des menschlichen Gehirns zu simulieren. Welche Aussichten!

In Fortsetzung meiner kritischen Stellungnahme zu den möglichen Auswirkungen der Digitalisierung, die uns träge und blind zu machen scheint, schlage ich eine Verschnaufpause vor, die wir mit Nachdenken füllen, für das wir uns Zeit nehmen sollten.

An dieser Stelle erfolgt mein **erster Aufruf zur Bescheidenheit**: Das Smartphone, das Sie benutzen, das Tablet oder der Laptop haben bei Ihrer Herstellung natürliche Ressourcen verbraucht, verbrauchen für Vertrieb und Logistik täglich weitere natürliche Ressourcen, sorgen für eine zunehmende Fremdbestimmung Ihrer Lebensplanung und stellen unsere Gesellschaften vor ein neues Problem der Abfall-(Batterien)Beseitigung. Warum nicht einmal einen Moment zu Papier und Bleistift zurückkehren? Papier, hat mir ein Recycling-Experte erklärt, lässt sich bis zu siebenmal recyceln. Bei diesem Vorgang werden keine aggressiven Chemikalien mehr benötigt, wie bei der ersten Herstellung, muss kein Holz mehr über große Strecken transportiert geschweige denn geschlagen werden und kann bis zu 30% Wasser gegenüber der erstmaligen Herstellung eingespart werden. Von diesem Nachhaltigkeitsaspekt einmal ganz abgesehen, spielt Papier als archivierbare Dokumentationsgrundlage bereits seit ca. 5000 Jahren eine wichtige, auf jeden Fall jedoch herausragende Rolle.

Das Schreiben nicht zu verlernen, das Niederlegen von Erkenntnissen in schöpferischen Momenten des Lebens zu „verkörperlichen", das Skizzieren großer Vorhaben als spontan sich ereignenden Vorgang zuzulassen, all dies kann die Verwendung von Bleistift und Papier bedeuten. Wir (Älteren) haben noch etwas von diesen Erfahrungen in unserem Gedächtnis gespeichert. Den jüngeren wird der Verzicht auf die digitalen Medien erst einmal wie ein Entzug vorkommen, und erst nach einer Weile – wenn überhaupt – seine entspannende Wirkung entfalten, die im Wesentlichen in der Wahrnehmung von „Zeit" bestehen wird. Zeit als Verstreichen von Momenten wahrzunehmen, in denen ein Sinn enthalten ist, als Eigenschaft anzuerkennen, die biologischen Systemen eine begrenzte Lebensdauer aufzwingt, wird erst wieder erlebbar, wenn wir uns von der „Zeitverschwendung" befreien, zu der uns auch die digitalen Medien verleitet haben.

Und noch etwas kann die vorübergehende Rückkehr zu Bleistift und Papier leisten. Schauen Sie sich das Geschriebene von gestern einmal genau an und vergleichen Sie es mit dem von heute. Sie werden an Ihrer Schrift erkennen, was Sie getrieben hat, was in Ihnen vorging, als Sie schrieben. Sie werden einen Teil Ihrer Persönlichkeit in Ihrem Schriftbild wiederfinden. Es lohnt sich, genau hinzuschauen, denn schreiben ist handeln!

Die geschichtliche Epoche der Renaissance (15. und 16. Jahrhundert) war ein Ausnahmezustand der geistig-kulturellen Entwicklung der Menschen, bis jetzt! Denn was sich seit Erfindung des Computers hier und heute entwickelt, ist so etwas wie eine Neo-Renaissance. Die verbindende Gemeinsamkeit zwischen unserer Zeit und der Renaissance besteht in der atemberaubenden Geschwindigkeit, mit der technischer Fortschritt stattfindet, lebensgestaltende Entwicklungen unaufhaltsam voranschreiten (wie z.b. die Urbanisierung) und Tatsachen geschaffen werden, die nicht mehr umkehrbar sind (wie z.B. Globalisierung und Digitalisierung). Durch Reisemöglichkeiten und schnellem Informations- und Wissensaustausch wächst eine enorme Fülle an Können und Kenntnis zusammen, die sich in kaum vorstellbarer Weise vermehrt. Die Wissensexplosion in den tausenden von Einzeldisziplinen führt zu immer stärker spezialisierten Experten, eine Entwicklung, die zur Konsequenz hat, dass keiner mehr die Komplexität der sich verändernden Welt versteht.

In Europa leben jetzt bereits mehr als 50% aller Einwohner in den Metropolen ihrer Länder. Und diese Metropolen weiten sich zu Mega-Metropolen aus. Diese Entwicklung wird voranschreiten und in naher Zukunft zu einer nicht mehr beherrschbaren Komplexität führen, die so wichtige Bereiche wie Energie- und Nahrungsmittel-Versorgung, Erholung & Kultur, Familie & Gesundheit, Verkehrsinfrastruktur und Sicherheit einschließt. So lange wir ein immer egozentrischeres Anspruchsdenken zulassen, uns keine Natur mehr leisten bzw. die Natur aktiv vernichten und unseren Verstand an Roboter abzugeben bereit sind, gleiten wir kaum merklich aus einer realen Bedrohung in eine schrittweise sich vollziehende Katastrophe hinüber. Unser Leben wird sich darin genügen, zwischen Arbeitgebern auf den Kontinenten hin und her zu wechseln, 3 oder mehr verschiedene Berufe (erlernt über Fernstudien am Computer) bis zum 50ten Lebensjahr auszuüben, Fernbeziehungen über die sozialen Netze zu erleben (falls überhaupt Zeit dafür bleibt) und im Alter von ca. 60 Jahren zu beginnen, uns für das „Mittelalter" des 21ten Jahrhunderts zu interessieren, in dem es noch Menschen gab, die nachdachten, die Papier und Bleistift benutzten, um ihre Gedanken niederzuschreiben!

Natürlich ist das gezeichnete Bild eine Provokation, lässt sich gestützt auf soziologische oder Daten anderer sozialwissenschaftlicher Disziplinen nicht belegen. Auch die vielfach herangezogene Behauptung, dass psychische Erkrankungen zunehmen würden infolge steigender Leistungsanforderungen oder durch die Überforderung, mit hinzu gewonnenen Freiheiten zurecht zu kommen, ist wohl falsch. Festzustellen dagegen ist, dass sich unsere Kommunikation verändert, die Fauna – momentan mehr noch als die Flora – immer schneller verkümmert (Arten werden regelrecht ausgelöscht) und immer neue beängstigende Beobachtungen über die unheilvolle Beeinflussung und Vernichtung von Natur und Umwelt zu machen sind. Nicht zu vergessen sind ferner die Verhaltensauffälligkeiten von Artgenossen (auch aus dem vermeintlich kultivierten Zentrum Europas!), die sich aus Profitgier, Machtgeilheit oder schlicht aus unreflektiertem Konformismus unglaubliche Respektlosigkeiten leisten.

Was hat das zu bedeuten? Warum hören wir einander nicht zu, warum grenzen wir einander aus oder überschütten uns mit Hasstiraden? Wie kann es sein, dass der Homo sapiens, der sehr kluge Mensch von heute beim Schachspielen weit voraus denken kann, wenn es jedoch um Dieselmotoren in Automobilen und Atomkraftwerke zur Stromerzeugung geht, plötzlich ohne jede Weitsicht handelt? Weil wir uns an ein Luxusleben gewöhnt haben das uns süchtig nach immer mehr Luxus macht. Weil wir uns blenden lassen durch die Faszination des Fortschritts bemerken wir unsere „Dehumanisierung" nicht. Wir machen uns vom Fortschritt abhängig, hängen quasi an ihm wie der Süchtige an der Heroinnadel. Weil uns Fähigkeiten im Stress des Megametropolen-Lebens abhandengekommen sind – nämlich überlegtes Handeln in strategischer Verantwortung vor unseren Nachkommen!

Mein **zweiter Aufruf zur Bescheidenheit** zielt daher auf eine Renaissance der Familie ab: wir müssen wieder Familie zulassen, Familie als die Instanz in unserem Leben erleben und gestalten dürfen (können), die uns lebenslange Orientierung vermittelt, die uns lehrt, Verantwortung für andere Menschen zu übernehmen und zu tragen. Das bedeutet vor allem, Zeit zu investieren in das Miteinander und Füreinander. Für manche unter uns bedeutet Familie gleichzeitig Heimat als geographischer Ort mit prägenden Erfahrungen, die sich als Spuren des gesellschaftlichen „Werdens" tief in das Gedächtnis eingegraben haben und Basis für Vor- und Wert-Urteile sind. Diese Verknüpfung zwischen Familie und Heimat ist jedoch nicht mehr vorherrschend. Sie weicht einer Vorstellung von Heimat als einer Lebenswelt, der man angehört ohne darin notwendigerweise familiär zu verwurzeln.

Dass viele Menschen sich heimatlos fühlen, ist zunächst einmal positives Ergebnis unserer offenen Gesellschaft, zu der ich keine Alternative sehe. Globalisierung ist unumkehrbar und – falls nicht nur ökonomisch fokussiert – grundsätzlich auch wünschenswert für den Ausgleich von Gegensätzen, die diese Welt heute beherrschen. Allerdings dürfen wir uns nicht täuschen: allein dadurch, dass wir überall auf der Welt für eine berufliche Episode zu Hause sein können, ist Globalisierung im Herzen nicht erreichbar. Die vermutlich wichtigsten Hürden, die in unserer Zeit der Neo-Renaissance für eine „re-Humanisierung" von Gesellschaften überwunden werden müssen, stellen Religionen und Korruption dar. Ich weiß, dass ich mir mit der Erwähnung von „Religionen" in diesem Zusammenhang Feinde machen werde. Jedoch halte ich das Töten im Namen welchen Gottes auch immer, das Zusehen-Müssen beim Abschlachten abertausender Menschen für unerträglich, so wie ich es für unerträglich halte, dass es einzelnen Mitgliedsstaaten der Vereinten Nationen möglich ist, durch ihr Veto das Auf- bzw. Anhalten von Kriegen zu verhindern, um Menschenleben zu retten. Es gibt keine denkbaren Interessen – außer die menschverachtenden Strategien in den Köpfen der „gottgleichen" Despoten eben dieser Mitgliedsstaaten – die es erlauben, das Leben von Menschen zur Disposition zu stellen. Globalisierung, die bis ins Herz vordringt, erfordert Politiker, die **wirklich** Weltbürger sind, ihre Rolle als Gestalter von Programmen wahrnehmen, die auf eine friedliche Säkularisierung unserer Gesellschaft hinauslaufen und für die sie von einer Mehrheit zur Umsetzung gewählt wurden. Politiker, die Programme für eine zunehmend komplexer gewordene jedoch zutiefst humane Welt entwickeln können, sind seltener geworden. Und von den wenigen erliegen dann auch noch etliche den Verlockungen der Lobbyisten...!

Mit Freude, ja Genugtuung erlebe ich, wie ansteckend wohltuend es ist, wenn Menschen sich aufmachen, die Lücken mit aktivem Tun zu füllen, die der Staat unerledigt zurücklässt. Was die Zivilgesellschaft schon jetzt alles leisten muss und auch tatsächlich leistet, damit die Lebensführung der Menschen in unseren europäischen Ländern funktioniert, ist außerordentlich bemerkenswert. Immer mehr ehrenamtlich tätige Menschen (in

Deutschland nach Informationen des Bundesfamilienministeriums mehr als 31 Millionen Menschen über 14 Jahre [43,6% der Bevölkerung!!]) gleichen die durch staatliches Versagen und Unvermögen entstandenen Nachfragen aus. Das trifft auch auf viele Aktivitäten für Kinder zu, die in vielfältiger Weise Leidtragende sozialstaatlichen Versagens sind. Dass man in einem Land wie Deutschland kinderfeindliche Lebensbedingungen vorfindet und aufrechterhält, ist ein Skandal, der nicht zuletzt auch mit der Verherrlichung des Individualismus zusammenhängt. Individualismus, der mit Egoismus und Elitarismus verwechselt wird, der also nicht als Geschenk einer offenen Gesellschaft verstanden wird, ist weit verbreitet. Um Missverständnissen vorzubeugen: keiner muss sich dafür rechtfertigen, dass er Chancen nutzt, seine individuellen Veranlagungen, seine vier „Antriebe" zu Fähigkeiten auszubauen, die ein erfolgreiches Leben ermöglichen. Entscheidend ist vielmehr, dass die Chancen als Geschenk der Gesellschaft erkannt werden und den Nutzer verpflichten, durch sein Tun und Lassen für neue Chancen Sorge zu tragen. Es geht letzten Endes darum, die Gesellschaft, unsere unmittelbare Lebenswelt, als Familie zu verstehen. Ob wir in dieser Familie Vater, Mutter oder Kind sind, ist unwichtig. Entscheidend ist allein, unsere Verantwortung für die Zukunft zu übernehmen.

Werden wir also, ausgestattet mit diesen vier Antrieben und einer schier unübersehbaren Vielfalt an Möglichkeiten, diese Antriebe wirksam werden zu lassen, überleben?

Das bleibt abzuwarten!

Literatur

1. Christof Rapp. Aristoteles zur Einführung
   Junius Verlag GmbH Hamburg, 2001
2. Henning Mankell. Treibsand - Was es heißt, ein Mensch zu sein. Zsolnay Verlag Wien 2015
3. Hans-Peter Haack u. Carmen Haack (Hrsg.) Schopenhauer: Aphorismen zur Lebensweisheit 1851. Wiederherstellung des ursprünglichen, von Schopenhauer autorisierten Textes. Leipzig: Antiquariat und Verlag Dr. Haack 2013
4. Bernd G. Renner. Gedanken über das Menschsein Teil I Ein Anfang. ISBN 9783746706061. www.epubli.de 2018
5. Richard E. Nisbett. The Geography of Thought. Free Press Simon and Schuster New York 2003

Danksagung

Für das Entstehen dieses Buches bin ich niemandem Dank schuldig. Im Gegenteil: als bekannt wurde, dass ich die Absicht habe, ein Buch zu schreiben, haben die meisten Freunde und Bekannten diese Ankündigung für eine Selbstüberschätzung gehalten, und vermutlich erwartet, dass ich scheitere. Es ist klar, dass eine solche Erwartungshaltung im engeren und weiteren persönlichen Umfeld eines angehenden Autors nicht gerade motivierend ist. Letzten Endes waren zumindest einige Mitmenschen froh, mich beschäftigt zu erleben. So war sichergestellt, dass meine artikulierten, gelegentlich auch längeren Ausführungen beim Zusammensein mit anderen nicht länger störten. Ich war sozusagen mit der Aufgabe der konzentrierten Verbalisierung meiner Gedanken ruhiggestellt.

Das Urteil darüber zu fällen, ob ich gescheitert bin oder nicht, überlasse ich Ihnen.

Der Autor

Dr. rer. nat. Bernd Renner, Jahrgang 1949, studierte Biologie und Chemie und promovierte 1980 in Biologie. Sein vornehmlich wissenschaftliches Schrifttum umfasst mehr als 40 Publikationen als Autor, Co-Autor und Editor. Das berufliche Umfeld des Autors war über einen Zeitraum von mehr als 30 Jahren und bis zu seinem Ruhestand die pharmazeutische Industrie, in der er verschiedene Managementpositionen bekleidete. Die Arbeit für und in Unternehmen aus verschiedenen Ländern Europas hat sein Welt- und Menschenbild mitgeprägt.

Das vorliegende Buch bezeichnet der Autor selbst als notwendigen Neubeginn, als Erholung von „Verstümmelungen des Intellekts" durch „betriebswirtschaftliche Bevormundung des Denkens", als Rückkehr in den nie verlassenen Raum akademischer Freiheit.

FSC
www.fsc.org
MIX
Papier | Fördert
gute Waldnutzung
FSC® C083411

Zeitfracht Medien GmbH
Ferdinand-Jühlke-Straße 7
99095 Erfurt, Deutschland
produktsicherheit@kolibri360.de